10대와 통하는
법과 재판 이야기

10대와 통하는
법과 재판 이야기

제1판 제1쇄 발행일 2021년 3월 20일
제1판 제6쇄 발행일 2024년 8월 15일

글 _ 이지현
기획 _ 책도둑(박정훈, 박정식, 김민호)
디자인 _ 채홍디자인
펴낸이 _ 김은지
펴낸곳 _ 철수와영희
등록번호 _ 제319-2005-42호
주소 _ 서울시 마포구 월드컵로 65, 302호(망원동, 양경회관)
전화 _ 02) 332-0815
팩스 _ 02) 6003-1958
전자우편 _ chulsu815@hanmail.net

ISBN 979-11-88215-57-7 43360

철수와영희 출판사는 '어린이' 철수와 영희, '어른' 철수와 영희에게
도움 되는 책을 펴내기 위해 노력합니다.

10대와 통하는

법과 재판 이야기

글 이지현

철수와영희

평화를 사랑하고
약자를 보호하는 법 이야기

우리는 살아가면서 수많은 만남을 가집니다. 그 만남은 기쁘고 설레기도 하지만 두렵고 망설여지기도 해요. 우리가 일상적으로 만나는 법이 바로 그렇답니다. 법은 여러 가지 느낌으로 우리에게 다가옵니다. 법의 보호를 받을 때는 반갑고, 벌을 받는다고 생각하면 두렵기도 하죠.

그러나 법을 제대로 공부하고 알게 되면, 법이 나를 보호해 주는 수호천사라는 사실을 깨닫게 됩니다. 그렇게 되면 법은 반가운 친구가 되고 만남이 기다려지죠.

그런데 여러분은 법을 나와는 상관없는 일로 여기고 멀리할 수도 있을 겁니다. 그렇지만 법은 늘 우리 가까이에 있어요. 법은 우리가 무엇을 해야 하는지, 어떻게 살아야 하는지, 어떤 세상이 되어야 하는지 절실히 말해 주는 목소리예요. 여러분의 미래는 법을 통해 빛날 수 있습니다.

이 책에서 여러분은 재미있고 유익한 법을 만날 거예요. 법은 우리들의 이야기입니다. 우정과 사랑 그리고 열정이 법과는 멀리 떨어져 있는 듯이 보이지만 사실은 아주 가까워요.

사람들은 법을 냉정하고 잔인한 것으로 생각하기도 해요. 하지만 법은 평화를 사랑하고 약자를 보호하려는 마음이 우선입니다. 법의 역사가 그것을 보여 주고 있고, 앞으로도 그럴 것이라고 약속하고 있으니까요.

미래를 열어 나가는 여러분에게 이 책이 법을 자유자재로 사용하는 데 도움이 되길 바랍니다. 여러분은 법을 통해 우리가 진정으로 바라는 정의로운 세상을 실현할 수 있을 거예요.

이지현 드림

차례

6장. 헌법이 지켜 주는 소중한 권리

부록. 세계 각국의 헌법 제1조

1장

법이란 무엇일까요

1   법은 우리의 친구

우리가 살아가는 세상에는 날마다 많은 문제가 일어나요. 나라와 나라 간에도 분쟁이 일어나고, 나라 안에서도 사람들 간에 다툼이 끊이지 않죠. 법은 분쟁과 다툼이 많은 세상을 어떻게 하면 평화롭게 유지할 것인가를 고민하고 합의해서 만든 시스템입니다.

우리는 사회를 이루면서 살아갑니다. 로빈슨 크루소처럼 무인도에서 혼자 살기는 어렵습니다. 공동체의 구성원으로 살 수밖에 없어요. 우리가 사는 사회를 행복한 곳으로 만들기 위해 서로 지켜야 할 약속도 만들게 되었어요. 그중에 가장 강력한 것이 바로 법이랍니다. 누군가 법이란 약속을 어기면 벌을 받고 감옥에 갇힐 수 있습니다.

약속은 일종의 '계약'입니다. 우리가 자주 타는 버스나 지하철도 그렇죠. 승차하는 순간 미리 '계약'한 요금을 냅니다. 그러면 운수 사업자는 계약된 서비스를 제공해요. 돈을 내지 않고 무임승차를 하거나 사업자가 무단으로 운행을 중단하면 해당 법에 따라 처벌을 받습니다. 사실 우리는 일상생활 속에서 매 순간 법적인 판단과 행위를 하고 있답니다. 단지 그것을 의식하지 못할 뿐이죠.

세상이 험난하다는 말을 많이 들었을 거예요. 사람마다 이해관계가 다르다 보니 갈등이 많은데 이를 그냥 둔다면 약육강식의 사회가 되어 살기가 더 힘들어질 거예요. 이때 법은 합리적인 해결책을 제시하고 약자를 보호하는 역할을 합니다.

사소한 일로 친구들끼리 다툴 때도 법이 등장해요. 친구끼리도 지켜야 할 선이 있고 원칙이 있습니다. 폭력이나 폭언을 그냥 놔두면 교실은 교육의 장이 아닌 폭력을 학습하는 곳이 되고 맙니다. 이런 일들을 해결하기 위한 노력이 바로 법이랍니다. 법이 있기에 교실은 교실일 수 있는 것이죠. 험난한 세상을 평화롭게 하고 불평등한 세상을 평등하게 만드는 것이 우리가 법을 만든 목적이에요.

여러분 천부인권이라는 말 들어 보셨나요? 인간은 누구나 태어나면서 부여받은 권리가 있다는 뜻입니다. 신체의 자유나 생각의 자유, 표현의 자유 등이 여기에 해당하지요. 그런데 이러한 권리는 법이 없으면 보장받지 못합니다. 힘센 사람이 약한 사람의 말을 막고 신체를 구속할 수도 있잖아요. 실제로 인류가 법을 만들어 내기 전의 사회가 그랬습니다. 무섭고 잔인한 정글의 법칙이 적용되어, 강자가 군림하고 약자가 노예처럼 살면서 생존을 위협당했어요.

문명화된 사회에서 법은 우리를 안전하게 지켜 줍니다. 그런 의미에서 오늘날 법은 가까운 친구이며 수호천사예요. 그런데 법을 이야기할 때 사람들이 가장 많이 헷갈리는 게 도덕과의 관계랍니다. 공동체의 약속에는 도덕도 있고 법도 있어요. 그렇다면 이 둘은 어떻게 다른지 도덕과 법의 대화로 한번 살펴볼게요.

도덕: 나는 마음의 소리가 중요하다고 생각해. 양심 말이야. 법아 너도 그렇지?

법: 아니, 그런 것은 필요 없어. 중요한 건 행동이야. 마음속으로 아무리 나쁜 짓을 많이 해도 난 상관 안 해. 행동으로 옮기지 않는다면 난 절대 나서지 않아.

물론 우리에게 관습이나 종교와 같은 사회 규범도 있어요. 그렇지만 법과 도덕이 가장 많이 비교되죠. 법과 도덕은 큰 차이점이 있답니다. 마치 포세이돈의 삼지창처럼 세 갈래로 갈라진 법의 특징을 살펴볼게요.

첫째로 중요한 것이 법의 강제성이에요. 만약 다른 사람의 물건을 훔쳤다면 그 사람은 '강제로' 처벌받습니다. 해도 그만 안 해도 그만이 아니에요. 체포해서 수사하고 재판을 하고 감옥에 가두는 과정

모두 본인의 의사와는 상관없이 강제로 이루어집니다.

둘째로 법은 행위의 유무, 즉 그 일을 실제로 했느냐 하지 않았느냐를 따집니다. 앞서 말씀드렸듯이 생각만으로는 죄가 되지 않아요. 즉 법의 대상이 되지 않습니다. 사례를 들어 설명해 볼게요.

어느 날 철수가 영희 집에 놀러 갑니다. 그런데 다이아몬드 반지가 탁자 위에 놓여 있습니다. 영희는 화장실에 있고, 집안 식구들은 모두 방 안에 있어요. 집안을 살펴보니 CCTV도 없습니다. 철수는 고민합니다. 마음속으로는 계속해서 반지를 훔치는 상상을 해요. 그렇지만 결국 행동으로 옮기지는 못합니다.

이런 경우 철수는 도덕적으로 옳지 않습니다. 친구 집 물건을 훔칠 생각을 했다는 사실 자체만으로 양심의 가책을 느낄 만해요. 하지만 법적으로는 아무런 문제가 없습니다. 훔치는 행위 자체를 하지 않았기 때문입니다. 강제력을 가지고 법의 심판을 받으려면 범죄 '행위'가 있어야 합니다.

셋째로 법은 공권력으로 제재합니다. 사회적으로 합의된 약속에 따라 처벌해요. 법이 정한 대로 감옥에 가두거나 벌금을 물려요. 반면에 도덕은 어때요? 처벌은 양심의 가책이나 사회적 비난의 형태를 띱니다. 그래서 법을 위반하면 몸이 괴롭고 도덕을 위반하면 마음이 괴로운 거예요.

우리는 흔히 착한 사람을 '법 없이도 살 사람'이라고 합니다. 그렇지만 개인이 아무리 선하고 양심적이라고 해도 한 사회 공동체를 유지하려면 반드시 법이 필요하답니다. 사람이 살다 보면 어떤 일이 생길지 모르잖아요. 내가 아무리 착하게 살아도 갈등과 분쟁은 생길 수밖에 없어요. 사람들이 서로 믿고 안심하고 생활할 수 있으려면 공동체가 합의한 규칙이 있어야 해요. 그래야 범죄로부터 사회 구성원을 보호할 수 있습니다.

법은 분쟁을 해결해, 우리가 모두 자유롭고 평화롭게 살 수 있게 합니다. 그런 의미에서 법은 행복한 사회를 만드는 '평화의 삼지창'이랍니다.

2   정의는 법의 핵심 가치

　법의 목적에 대해 많은 사람이 다양한 주장을 해왔지만, 가장 설득력 있는 주장은 바로 '정의의 실현'이에요. 법무부의 영어명도 'Ministry of justice'로 정의를 실현하는 정부 기관으로 표기한답니다.

　그러면 정의는 어떻게 실현할 수 있을까요? 이를 두고 많은 학자가 논쟁을 거듭했지요. 그중 가장 영향력이 컸던 주장을 소개할게요. 바로 영국의 법학자 벤담이 주장한 '최대 다수의 최대 행복'입니다. 벤담은 가장 많은 사람이 가장 많은 행복을 얻으면 정의가 실현된다고 보았어요. 이를 공리주의라고 합니다. 얼핏 보면 상당히 합리적입니다. 그러나 이러한 인식에는 소수의 희생을 정당화할 위험성이 있어요.

예를 들어 볼까요? 고대 로마 시대 콜로세움에서 검투사의 경기가 벌어집니다. 군중이 지켜보는 가운데 한 검투사가 굶주린 사자와 결투를 벌입니다. 그런데 싸움 도중에 사자의 공격을 받아 죽고 말아요. 군중들은 그 장면을 보고 열광합니다. 벤담주의자들이 보기에 이 상황은 정의롭습니다. 왜냐고요? 한 사람의 희생으로 많은 사람이 행복을 얻었으니까요. 극단적이긴 하지만 벤담의 공리주의를 따르다 보면 다수는 행복한데 그 사회가 결코, 정의롭지 않은 모순이 생깁니다.

그래서 지금은 정의를 실현하기 위해 소수자를 희생시키는 방식을 인정하지 않아요. 정의에 대한 사고의 전환이 일어난 것이죠. 또한, 벤담의 공리주의는 인간의 쾌락이나 행복을 측정할 수 있다는 믿음이 깔려 있습니다. 누가 얼마나 행복한지 비교하려면 '행복의 양'을 알아야 하잖아요. 그러나 오늘날 학자들은 인간의 행복이나 쾌락을 계량화하는 데 한계가 있다고 생각해요. 복잡하고 다양한 현대 사회에서 행복은 상대적입니다. 어떤 사람은 행복하다고 느끼는 상황에서 어떤 사람은 불행하다고 생각할 수 있어요. 인간의 행복을 측정해서 총량을 비교하겠다는 공리주의적 시도부터 의심받게 된 거예요.

정의를 실현하는 또 다른 방법으로 '복수'가 있습니다. 이건 역사적으로 오랫동안 행해진 방법이기도 해요. 이 입장에서 보면 내가 당한 만큼 갚아 주는 게 바로 정의입니다. 누군가 나를 때렸다면 나

함무라비 법전의 내용을 새긴
비석의 윗부분.
(기원전 1700년경)

도 그 사람을 때립니다. 옛날 사람들은 그렇게 복수하는 것이 정의라고 봤어요. "눈에는 눈, 이에는 이"라는 말로 알려진 함무라비 법전이 대표적입니다. 그러나 이 법은 과도한 보복을 금지했습니다. 다리를 부러뜨렸으니 목숨을 달라고 할 수는 없었어요.

기원전 1700년대 바빌로니아의 함무라비 왕이 편찬한 이 법전은 최초의 성문법으로서 상법, 군법은 물론 가족법에 이르기까지 다양한 영역을 다루고 있어요. 이 법은 당시의 시대상을 잘 반영하고 있습니다. 잉여 생산물로 발생한 사유 재산과 이에 대한 다툼을 어떻게 합리적으로 처리하여 정의를 실현할지에 대한 고민이 담겨 있어요. 법은 그러한 노력의 산물이었습니다. 비석에 새겨진 이 법전은 현재 루브르 박물관에 전시되어 있어요.

법전 앞머리에서 함무라비 왕은 말합니다. "나, 함무라비가 정의를 이 땅에 세워 사악한 자들과 악행을 일삼는 자들을 없애고 약자들이 강자에게서 상해를 입지 않도록 한다."

끝에는 "이 돌이 백성들을 올바로 이끌 것이고, 백성들에게 정의를 펼칠 것이며, 땅에 있는 악인들을 구분하고 격리시켜 백성들을 편안히 살게 할 것이다"라고 선언하고 있습니다. 함무라비 왕은 이 법전을 통해 시대의 정의를 세우고자 했던 거예요.

지금은 그때처럼 법을 어겼다고 강물에 던져 버리거나, 신체를 훼손하는 일은 금지되어 있습니다. 그동안 인류 공동체가 정의란 무엇인가를 고민하고 내린 결론이에요. 물론 일부 국가에서는 아직도 매를 때리는 태형이 있습니다. 반인권적인 법률은 여전히 존재합니다. 그러나 국제 사회는 이를 인정하지 않아요. 이런 반인권적인 법을 개정하라고 지속적으로 요구합니다.

그렇다면 우리 시대에 걸맞은 정의를 실현하는 법은 무엇일까요? 오늘날 정의를 이루려면 어떻게 해야 할까요? 시대에 따라 정의의 개념도 변합니다. 지금은 공정과 평등 그리고 평화를 강조해요. 그래서 법도 신분이나 지위를 떠나 누구에게나 공정하고 평등해야 합니다. 또 법은 분쟁을 평화적으로 해결하고 생명과 재산을 안전하게 지켜 줘야 합니다. 이것이 우리 시대 정의를 실현하기 위한 법의 핵심 가치입니다.

앞으로 정의의 개념은 더욱 발전해 나갈 것입니다. 사회가 변하고 사람들의 욕구도 달라질 테니까요. 중요한 것은 현실입니다. 우리는 대한민국의 정의를 실현하기 위해 노력해야 합니다. 법이 대한민국 공동체의 정의를 어떻게 실현할 수 있을지 계속 고민하고 바꾸어 나가야 합니다.

독일의 법학자 예링은 "법의 목적은 평화이며 평화를 얻는 수단은 투쟁"이라고 말했어요. 그는 또 "법은 권리 위에 잠자는 자를 구제하지 않는다"는 유명한 말을 남겼습니다. 가만히 앉아서는 평화를 얻을 수 없다는 예링의 말은 오늘날에도 그 의미가 커요. 법은 정의 실현을 위한 강력한 수단입니다. 여러분이 생각하고 만들려고 하는 세상, 그리고 우리가 꿈꾸는 정의로운 대한민국을 이루려면 적극적으로 법을 이용해야 합니다. 그러려면 먼저 법에 대해 잘 알아야겠지요?

3 인간의 존엄을 지키는 법

법의 의미와 목적을 다루었으니, 이번에는 법의 기능을 살펴볼게요.

우리 인간은 오랜 역사를 거쳐 오면서 자유와 평등을 얻기 위해 투쟁해 왔어요. 이 과정에서 자유와 평등을 안정되게 보장할 수 있도록 법이라는 제도를 만들게 되었답니다. 법이 안정적으로 인간의 존엄성을 지키고 사회를 평화롭게 유지하는 기능을 할 수 있게 된 것이죠. 법은 현대 사회로 오면서 기능이 더욱 다양해지는데, 크게 네 가지로 정리할 수 있어요.

첫째로 법은 개인의 권리를 보장합니다.

이것은 법의 가장 기본적인 기능으로, 개인의 권리가 침해당하는 다툼이 생기면 법이 해결해 줍니다. 법은 개인의 권리에 대해 명확하게 규정하고 있어요. 특히 생명과 신체와 재산에 대한 권리를 상세히 잘 규정하고 있습니다. 그래서 우리는 어떤 문제가 생기면 먼저 법적 권리를 확인합니다.

둘째로 법은 사회 질서를 유지합니다.

국가나 개인이 할 수 있는 일과 해서는 안 될 일을 명확하게 구분해 주고 있어요. 예를 들어 누가 자신의 자유라면서 과다 노출로 사람들을 놀라게 하기도 합니다. 이것을 개인의 자유라고 인정하고 내버려둬야 할까요. 경범죄 처벌법에서는 '공개된 장소에서 공공연하게 성기·엉덩이 등 신체의 주요한 부위를 노출하여 다른 사람에게 부끄러운 느낌이나 불쾌감을 준 사람'을 처벌하도록 하고 있죠. '바바리맨' 같은 사람은 바로 법에 의해 처벌받게 된답니다.

특히 형법은 범죄로부터 시민을 보호하는 중요한 기능을 합니다. 형법이 없다면 사회는 혼란과 무질서에 빠지고 시민들은 불안해할 거예요. 경찰과 검찰은 형법에 따라 공권력을 행사하는 겁니다.

그런데 법은 통제적 기능도 가지고 있기 때문에, 살인을 한 범죄자라 하더라도 재판 없이 처벌할 수는 없어요. 재판 없이 사형시킨다면 이는 국가의 폭력이지, 정당한 법 집행이 될 수 없습니다. 따라서 아무리 큰 죄를 지었다고 하더라도, 재판에 의해서 법의 심판을 받아야 합니다.

셋째로 법은 개인이나 집단 간 분쟁을 해결합니다.

한 사회의 분쟁을 최종적으로 해결해 주는 것이죠. 이때 법이 어제 다르고 오늘 다르다면 사람들은 커다란 혼란에 빠질 거예요. 따라서 법은 명확하고 안정성이 있어야 한답니다.

예를 들어 시험지가 유출된 사건이 있다고 생각해 볼까요. 이 일로 시험이 공정하게 치러지지 않았다면 어떻게 해야 할까요? 피해 학생들이 직접 나서서 진상을 규명하고, 실체적 진실을 찾기 위해 학업을 중단하고 싸움을 시작해야 할까요? 아니에요. 이미 법에서 이런 문제를 해결해 주는 안정된 방식이 있습니다. 우리는 법에 정해진 방식에 따라 해결할 수 있어요.

넷째로 무엇보다 중요한 법의 기능은 공익의 추구랍니다.

공익이란 무엇일까요? 쉽게 말하면 우리 사회를 지켜 나가는 공통된 이익을 가리킵니다. 만약 법이 사익을 추구해서 사악한 권력자의 이익만을 보장하는 기능을 한다면, 공동체에서 민주주의가 사라지고 온갖 탐욕으로 혼탁해질 거예요. 그래서 법은 공적인 이익, 공동체의 이익, 전체 사회 구성원의 이익을 추구하면서 정의를 실현하고 인권을 보장합니다. 두 사람의 대화를 들어 볼까요?

철수: 나는 귀찮아서 안전벨트를 매기 싫어. 이건 개인의 자유라고. 그런데도 법으로 강제하는 것은 국가가 나의 사생활과 행동 자유권을 침해하는 거야.

영희: 자동차 운전자에게 안전띠를 매도록 강제하고, 안 매면 범칙금을 내게 하는 것은 너를 위해서야. 교통사고로부터 위험을 제거하고 국민의 소중한 생명을 지키려는 거야. 사고를 줄이면 공동체의 이익이 증가하고, 교통사고로 인한 사회적인 비용도 줄어드니까 공익이 커지는 거지. 네가 누리는 행동 자유권이라는 사적인 이익보다 공동체가 얻는 공익이 훨씬 커지니까 결과적으로 철수 너도 더 안전하게 되는 거야. 그래서 안전띠를 잘 매는 것이 맞아.

이해가 되나요? 법은 개인의 행동을 강제해서 사회 구성원 전체의 생명과 재산권을 보호합니다. 바로 이것이 법이 목표로 하는 공익이에요. 그러나 여기에는 한 가지 전제가 필요해요. 누구도 예외가 없어야 합니다.

법은 모두에게 공정해야 합니다. 어떤 사람은 돈을 내고 안전띠를 매지 않아도 된다면 누가 이 법을 지키겠어요? 공익을 지키기 위해서는 공정해야 합니다. 공정하게 공익을 추구해야 누구나 안심하고 법을 지키면서 살아가고, 법의 보호를 받을 수 있으니까요. 공익과 공정은 법의 가장 중요한 기능임을 잊어서는 안 됩니다.

10대와 통하는 법과 재판 이야기

4 사회법의 등장

부동산, 금융, 정보 통신, 소비자, 공정 거래, 여성 등과 관련한 새로운 법률이 해마다 쏟아져 나와요. 그 양이 워낙 많아서 일일이 다 알기도 어려울 정도가 되었죠. 우리가 어떤 법의 판단이 필요한 상황이 되면 인터넷으로 국가가 제공하는 법률 서비스를 검색해야 됩니다. 어렵고 복잡하다고 멀리하면 손해를 볼 수 있어요.

법을 어려워하면 법과 멀어집니다. 법과 멀어지면 권리를 침해당하거나 부당한 손해를 보고도 참고 넘어가는 일이 벌어집니다. 법은 우리의 권리를 관철하는 힘이에요. 사실 우리는 저마다 엄청난 힘을 가지고 있는 거예요. 법이 제공하는 다양한 정보를 잘 찾아보세요. 우리의 권리를 지키고 이익을 얻는 데 큰 도움이 됩니다.

법의 종류는 매우 많아서 개별적인 법의 이름을 나열하기보다는, 그 성격과 영역에 따라 분류하는 것이 편리합니다. 우선 법조문의 유무에 따라 성문법과 불문법으로 나눌 수 있어요.

성문법은 문자로 만들어진 법이에요. 그래서 성문법은 법전에 담겨 있습니다. 지금 우리에게 적용되는 모든 법이 성문법이랍니다. 성문법은 법조문이 분명해 법을 알기가 쉽고, 법을 적용하는 데에도 큰 어려움이 없어 편리하죠.

불문법은 관습법이나 판례법처럼 사회 구성원 사이에서 오랫동안 반복되고 유지되어, 법과 같은 구속력을 가지는 규범이에요. 특별히 법조문으로 명시되어 있지는 않습니다. 성문법이 발달한 현대 사회에서도 불문법이 존재합니다. 예를 들어 법원에서 판결을 내리는데, 비슷한 사건들에 대해 다수의 판결이 같은 결론에 이른다면 이것은 일종의 불문법이 됩니다. 다음에 그런 사건이 또 생기면 같은 처벌을 내릴 확률이 높아요. 법원의 재판에서 인정된 판결들이 불문법의 역할을 하게 되는 것이죠.

다음으로 아주 중요한 분류인데, 법의 영역에 따라 공법과 사법으로 나눌 수 있어요. 여러분, 공사公私를 구분하라는 말 들어 보셨죠? 우리의 일상은 학교생활이나 직장 생활처럼 공적인 영역과 여행, 독서, 취미 활동처럼 사적인 영역으로 나눌 수 있습니다. 그렇다고 자로 잰 듯이 딱 나누어지는 것은 아닙니다. 어쨌든 편의상 공적인 영역과 사적인 영역으로 나누는 것이죠. 법도 이런 가상의 영역에 따라 두 개로 나눕니다. 공법은 국가와 국민 사이의 법이고, 사법은 개인과 개인 사이의 법이에요.

공법은 국가의 구성과 운영을 밝힌 최고 법인 헌법, 범죄의 종류와 형벌을 규정한 형법, 그리고 행정법, 민사 소송법, 형사 소송법 등이 해당됩니다. 이 중에서 가장 오래된 공법이 형법이에요. 인류는 오래전부터 도둑질이나 살인 등의 범죄에 대한 처벌 기준을 정했어요. 이는 공동체를 유지하기 위한 불가피한 선택이었답니다.

때로 그 처벌이 매우 가혹했어요. 조선 시대로 가 보겠습니다. 이때는 죄를 지으면 매질을 하기도 했는데 곤장 100대를 맞은 사람이 죽기도 했습니다. 사약을 내리거나 죽은 자를 무덤에서 꺼내어 베어 버리는 부관참시라는 극형을 내리기도 했어요. 오늘날 이런 처벌은 상상하기 힘들죠.

과거에는 인권을 짓밟는 형벌도 많았어요. 지금도 일부 국가에서는 길거리에서 사람들이 보는 앞에서 매질을 하는 태형이 존재합니다. 하지만 이는 예외적인 상황이에요. 오늘날은 형법 조항에 따라 감옥에 가두거나 벌금을 매기는 식으로 벌을 줘요.

다음은 사법입니다. 개인과 개인 사이를 규율하는 법으로는 민법, 상법 등이 대표적이에요. 민법은 재산과 가족 관계를 규율합니다. 혼인과 이혼, 상속 문제 등을 민법에서 규정하고 있답니다. 상법은 상거래에 관한 것이고요.

이렇듯 법체계는 오랫동안 공법과 사법 두 개의 영역으로 나뉘어 왔습니다. 그러다 비교적 최근에 새로운 영역을 다루는 사회법이 등장해요.

사회법은 사회 문제를 해결하기 위한 법으로 그 배경에는 자본주의의 발달이 있습니다. 공법이 공동체를 위협하는 죄를 다루고 사법이 개인 간 분쟁을 다루었다면 사회법은 공동체 유지를 위해 사회가 개인에게 해야 할 일을 다룹니다. 대표적인 것이 바로 노동법입니다.

우리나라 사회법의 중요한 영역인 노동법을 말하려면 청년 전태일의 이야기를 먼저 해야 합니다. 전태일(1948~1970)은 평화시장에서 재단사로 일하며 평화시장 노동자들의 노동 조건 개선을 위해 노력했어요. 초등학교를 4학년에 중퇴했지만 스스로 근로 기준법을 공부할 만큼 열정적이었어요. 당시 우리나라 노동 현실은 열악하기 그지없었거든요. 노동자들은 돈 버는 기계로 인식될 뿐 아무도 그들의 권리를 보호하려고 하지 않았습니다. 마침내 스물두 살의 청년 전태일은 노동자의 권리가 실현되는 세상을 만들려고 목숨을 걸어요. "내 죽음을 헛되이 말라"면서 근로 기준법 책을 안고 분신 항거했습니다.

전태일은 "근로 기준법을 준수하라! 우리는 기계가 아니다! 일요일은 쉬게 하라! 노동자들을 혹사하지 말라!"라고 외쳤어요. 그런데 더 우리의 가슴을 아프게 하는 것은 전태일이 분신한 후 돈이 없다는 이유로 병원에서 치료를 제대로 받지 못했다는 거예요. 이틀이

평화시장에서 재단 보조와 함께(왼쪽이 전태일. 1967년경). ⓒ전태일재단

나 굶었던 전태일 열사는 배가 고프다는 마지막 말을 남기고 생을 마감했지요. 약자를 위해 헌신한 아름다운 청년의 죽음이었습니다.

이 사실이 알려지자 우리 사회는 충격에 빠집니다. 법이 사회 구성원의 상당수를 차지하는 노동자들을 외면해 왔다는 점을 깨달았어요. 그 후로 사회법에 대한 관심이 높아집니다.

앞으로도 자본주의 발전으로 빈부격차는 더욱 심해질 겁니다. 이런 상황에서 세상이 더욱 정의롭고 평등해지기 위해서는 자본의 독주를 막아 내고, 약자를 보호하여 인간의 존엄을 실현하는 사회법을 잘 만들어야 해요. 사회법은 공법과 사법만으로 해결할 수 없었던 문제를 해결하기 위해 등장했고, 앞으로도 더 많은 일을 해야 합니다.

5   변화에 적응하는 법

　지금까지 우리는 법의 의미, 목적, 기능, 종류 등에 대해서 알아보았습니다. 법은 우리의 생명과 재산을 지켜 주고, 사회와 나라의 평화를 지켜 주는 중요한 제도랍니다. 그런데 이렇게 중요한 법도 고정불변한 것이 아니에요. 시대의 흐름과 사회의 변화에 따라 바뀔 수밖에 없어요. 음식과 의복도 유행에 따라 변하듯이 생각과 관습이 변화하면, 법도 따라서 바뀌게 되는 것이지요. 오히려 바뀌지 않고 그냥 있다면, 우리를 억압하고 사회 발전을 지연시키는 부작용이 나타납니다. 역사적으로도 그런 잘못된 일이 많이 있었답니다.

　좀 불편한 이야기일지 모르겠지만 강간 문제를 예를 들어 볼까요.

2012년 12월 성폭력 관련 법이 개정되었어요. 이때 강간죄의 객체, 즉 피해자가 '부녀'에서 '사람'으로 바뀝니다. 이렇게 법 조항을 바꾼 이유는 무엇일까요? 모든 법률에는 그 법에서 보호하려는 법적인 이익이 있답니다. 이를 보호 법익이라고 하는데 강간죄의 보호 법익은 원래는 '부녀' 즉 여성이었어요. 강간죄의 피해자는 여성이라고만 생각했던 것이죠.

그래서 강간죄가 발생하면 여성인가, 아닌가를 따지는 것이 굉장히 중요했어요. 피해를 당한 사람이 남성이면 강간죄는 성립하지 않으니까요. 그래서 어떤 판결문은 여성과 남성에 대한 법적인 판단을 어떻게 내려야 하는가를 먼저 고민하기도 했어요.

그러나 세상이 변화하면서 누구를 그리고 무엇을 보호해야 하는가에 대한 사고의 전환이 일어났어요. 꼭 여성만 강간 피해를 입을까요? 현실적으로 그렇지 않잖아요. 모든 사람은 강간죄로부터 보호되어야 하고, 사건이 발생하면 처벌해야 하기 때문에 부녀에서 사람으로 법이 개정된 겁니다. 이제는 강간죄가 발생하면 여성인가 남성인가를 따지는 것은 불필요해요. '사람'이면 됩니다. 여성이나 남성을 따지지 않고 사람이 강간을 당하면, 법의 보호를 받아요.

이처럼 법은 세상과 공동체 의식의 변화에 따라 바뀌어요. 법의 조문을 바꿀 때는 '개정'이라고 하고, 법을 새롭게 만들 때는 '제정'이라고 합니다. 때로 완전히 없애기도 합니다.

대표적인 예가 호주제예요. 호주제는 남성을 그 집안의 주인으로

10대와 통하는 법과 재판 이야기

삼고 가족 구성원의 출생, 혼인, 사망 등을 그를 중심으로 기록하는 제도예요. 이 때문에 여성들은 아들을 낳아야만 대접받고 살 수 있었어요. 법이 남아 선호를 부추기고 양성평등과 어긋나게 되었죠.

시대의 흐름을 따라잡지 못하던 호주제는 2005년 결국 폐지됩니다. 이 법의 폐지는 양성평등에 대한 사회적 인식을 한층 높이는 계기가 됩니다.

우리는 지금 코로나19 바이러스로 힘든 시간을 보내고 있어요. 그런데 이 시기에 여러 문제가 생기고 있어요. 예를 들어 바이러스 확산을 막기 위해서 국가에서는 개인의 동선을 파악해요. 어떤 사람이 어디에서 누굴 만났는지 몇 시에 어디에 있었는지 같은 민감한 정보를 수집합니다. 감염병 상황에서는 어쩔 수 없다 하더라도 만약 나쁜 정부가 들어서면서 이런 일이 일상적으로 벌어진다면 어떻게 될까요.

국민을 감시하는 감시 기술은 감염병을 퇴치하고 국민의 생명을 보호하기 위한다는 전제하에 정당성을 얻습니다. 그런데 감염병 예방과 국민 감시는 법적으로 충돌을 일으킵니다. 정부의 감시가 국민의 기본권을 과도하게 침해할 수 있어요. 이런 문제점들을 잘 고려해 슬기롭게 법을 만드는 신중한 작업이 요구될 것입니다. 국민들의 적극적인 관심과 참여가 필요해요.

앞으로 법은 세상의 변화에 따라 계속 만들어지고 사라질 겁니다. 법이 바뀌는 것은 당연한 일이지만, 그 과정이 헌법 정신에 충실해야 합니다. 그렇게 되기 위해서는 주권자인 국민이 정확하게 판단하고 감시해야 합니다. 그리고 실제로 법이 바르게 바뀌어 나가도록 만들어야 합니다.

정의의 여신은
왜 눈을 가리고 있을까요?

그리스 신화에 등장하는 디케는 정의의 여신입니다. 로마 신화에서는 유스티티아justitia로 불렸는데 이는 영어로 정의를 뜻하는 '저스티스justice'의 어원이에요. 디케는 두 눈을 가리고 한 손에는 칼을 다른 한 손에는 저울을 들고 있습니다. 칼은 법이라는 강제성과 정확한 판결을 의미합니다. 저울은 형평성을 의미하죠.

그런데 디케는 왜 두 눈을 가리고 있을까요. 이는 편견에서 벗어나 공정하고 정의로운 판단을 하겠다는 의지의 표현이라고 할 수 있어요. 우리 스스로 외모나 성격에 대한 편견은 없는지, 학교 성적으로 친구에 대한 선입견을 품은 적은 없는지 떠올려 보세요. 그러면 디케가 눈을 가린 이유를 이해할 수 있을 겁니다.

우리는 사람을 판단할 때 외모, 집안, 학벌 등을 보고 선입견을 갖는 경우가 많아요. 그래서 있는 그대로 보지 못하고 왜곡된 판단을 할 수 있어요.

우리나라 대법원 청사에서는 조금 다른 디케를 만날 수 있습니다. 한 손에는 칼 대신 법전, 다른 한 손에는 저울을 들고 있어요. 눈도 뜨고 있습니다. 법전은 법전에 있는 법의 적용을, 저울은 공정함을, 눈을 뜬 이유는 사실관계를 정확히 보겠다는 의미라고 합

대법원에 있는 정의의 여신.
박충흠의 작품으로
대법정 출입문 쪽에 있다.
ⓒ대법원

니다. 그런데 어떤 사람들은 정의의 여신이 돈을 저울에 달아 판단하는 것이 아니냐고 비판해요. 권력이나 돈이 없는 사람들에게 법은 아직도 멀리 있으며, 우리 사회에 유전무죄 무전유죄의 불신이 자리하고 있는 거예요.

　범죄자가 자신의 죄를 스스로 자백하는 경우는 흔치 않아요. 특히 힘센 사람들은 죄를 짓고도 벌을 받지 않는 경우도 있어요. 우리가 법치가 제대로 실현되는지 똑똑히 보고 판단해야 하는 이유입니다. 법에 따른 정의의 실현도 결국은 국민의 손에, 우리의 손에 달렸어요.

법은 모두에게 공정하고 정의로워야 합니다. 어떤 세력이나 권력자, 돈에 의해서 오락가락한다면, 우리 사회는 고통에서 벗어나지 못할 거예요. 과거 독재 시절 국가는 무소불위의 권력으로 폭력과 범죄를 저질렀습니다. 이때도 법이 제 기능을 발휘하지 못했어요. 결국 국민들이 독재 정권을 무너뜨리고 사법 정의를 되찾았지요. 그러나 아직도 법은 멀리 있습니다. 해야 할 일이 많아요.

정의로운 사회는 법에 따라 실현될 수 있습니다. 우리나라에서 법은 국회, 행정부, 사법부 같은 국가 기관이 만들고 집행해요. 정의를 실현하려면 이들이 일을 제대로 하는지 감시해야 합니다. 민주주의 사회에서 정의는 우리 각자의 의무이자 권리입니다.

2장

죄와 벌 이야기

1 　어떤 잘못이 범죄인가요?

　우리가 일상생활에서 자주 쓰는 말이지만 그 뜻을 정확히 모르는 경우가 있어요. 법률 용어도 그렇습니다. 그런데 법정에서 쓰이는 용어는 법적 효력이 있으며 우리 생활에 큰 영향을 미쳐요. 정확히 알아 둘 필요가 있답니다.

　여러분 '범죄'라는 말 자주 쓰죠. 대략 그 뜻은 이해하고 있을 거예요. 보통 법을 위반하는 나쁜 짓을 했을 때 '범죄를 저질렀다'라고 해요. 법을 위반하지 않는 행위일 때는 그냥 '나쁜 짓'을 했다 정도로 말하죠. 즉, 범죄는 법을 위반하는 나쁜 짓입니다.

　그런데 법은 시대와 나라에 따라 다릅니다. 같은 행위라도 어디에선 범죄로 인정되고 또 어디에서는 그렇지가 않아요. 이슬람 국가인 사우디아라비아에서는 결혼하지 않은 남녀가 공공장소에서 함께 시간을 보내는 것이 불법입니다. 주마다 법이 다른 미국의 경우 많은 주에서 학교 체벌을 금지하고 있지만, 일부 주에서는 합법입니다. 지구상에는 이와 같은 일이 아주 많아요. 또한 노동조합 결성처럼 과거에는 범죄였지만 지금은 그렇지 않은 것도 많습니다. 법이 그 사회의 가치관을 반영하기 때문이에요.

어쨌든 범죄는 다른 사람에게 피해를 주고 사회 질서를 어지럽히기 때문에, 반드시 법에 따라 처벌해야 해요. 『이방인』의 작가 알베르 카뮈는 "어제의 범죄를 벌하지 않는 것은 내일의 범죄에 용기를 주는 것과 똑같이 어리석은 짓"이라고 말했어요. 그럼 이제 무엇이 범죄인지, 우리 법은 어떤 행위를 범죄로 규정하는지 살펴보도록 하겠습니다.

법률적으로 범죄가 성립되려면 다음 세 가지 조건을 충족해야 합니다. 첫째 범죄의 구성 요건을 갖추어야 합니다. 둘째 실제로 법을 위반해야 하고, 셋째 책임도 질 수 있어야 합니다. 하나하나 살펴보겠습니다.

첫째, 범죄의 구성 요건은 범죄의 내용을 말합니다. 예를 들면 형법에서 살인죄는 '사람을 살해한 자'라고 되어 있어요. 따라서 살인죄 구성 요건은 '사람'과 '살해'입니다. 사람이나 살해 중 어느 하나가 빠지면 형법상 살인죄가 될 수 없어요. 지나가는 강아지가 나에게 짖었다고 해서, 복수하는 마음으로 죽였다면 일단 살인죄는 성

알베르 카뮈

립되지 않아요. '사람'이라는 구성 요건이 빠졌기 때문입니다. 대신 이때는 재물 손괴죄가 됩니다.

둘째로 위법해야 합니다. 형벌을 받을 만한 잘못이어야 해요. 예컨대 자기를 살해하려는 사람으로부터 생명을 지키려고 어쩔 수 없이 상대방을 때렸다면 이는 범죄가 아닙니다. 정당방위로서 위법하지 않는 행위로 인정받아요. 어떤 행위가 범죄의 구성 요건을 갖추었어도, 정당방위와 같이 예외적인 경우에는 위법성이 면제되어 범죄가 성립되지 않는 거죠.

셋째로 '책임질 수 있어야 한다'는 것은 범죄가 되는 행위의 결과

즉, 처벌을 감당할 수 있어야 한다는 뜻입니다. 형법 제9조는 형사 미성년자라고 해서 14세가 되지 않은 자의 행위는 처벌하지 않는다고 나와요. 나이가 어려 '책임이 없다'는 이유로 사실상 면죄부를 주는 거예요.

2019년 초등학교 5학년 학생이 자신의 부모를 험담하는 친구에게 흉기를 휘둘러 숨지게 한 사건이 발생했어요. 이 학생은 사람을 살해했기 때문에 1) 구성 요건인 살인죄가 성립하고, 2) 형법상 살인에 해당하는 위법한 행위를 했습니다. 그러나 마지막 세 번째인 책임을 질 수가 없기에 살인죄 형벌을 받지 않았어요. 긴급 체포는 되었지만 형사 책임을 지는 대신 소년법상의 보호 처분을 받습니다. 12살인 이 학생은 형법상 형사 미성년자에 해당하여 형벌에 대한 책임 능력이 없다고 본 거예요.

우리나라만 그런 게 아닙니다. 세계의 많은 나라에서 미성년자를 형벌에 대한 예외 대상으로 두고 있어요. 독일, 일본 등은 그 나이를 14세로 하고 있고, 일곱 살을 형사 책임 연령의 기준으로 하는 나라도 있어요. 그렇기에 미성년자의 범죄는 처벌이 능사가 아니에요. 원인을 분석해 그런 일이 일어나지 않도록 예방에 노력을 기울여야 합니다.

지금까지 범죄에 대해 법률적인 요건을 설명해 드렸습니다. 요약하자면 범죄는 그냥 나쁜 짓이 아니고, '법을 위반한 나쁜 짓'을 말합니다. 그리고 법률적으로 범죄가 성립하려면, 첫째 구성 요건, 둘째 형벌을 받을 만한 잘못이 있는지, 셋째 책임질 수 있는지 등을 따져야 합니다. 여러분이 이 세 가지를 잘 기억하면, 어떤 행위가 법률적으로 처벌받는 범죄인지를 쉽게 판별할 수 있을 거예요.

2　수사는 어떻게 진행하나요?

　　일단 범죄가 발생하면 곧바로 피해자와 가해자가 생겨납니다. 당연히 가해자는 범죄를 저지른 사람, 피해자는 범죄를 당한 사람이죠. 범죄 수사의 시작은 이 피해자와 가해자를 조사하는 일에서 시작합니다.

　　우리가 살아가면서 범죄의 가해자나 피해자가 될 거라는 생각을 잘 안 해요. 뉴스에나 나오는, 자기와는 무관한 일이라고 생각하죠. 그러다 막상 일이 생기면 당황하게 됩니다. 현실에서 우리는 언제든지 가해자나 피해자가 될 수 있어요. 학교 폭력 사건이 그렇죠. 조금 전까지 한 교실에서 함께 생활하던 아이가 가해자나 피해자가 됩니다. 나도 그중 한 명이 될 수 있고요.

가벼운 사건이면 모르겠지만 행여 심각한 상황이라면 법적 분쟁이 될 수도 있어요. 이런 일이 생겼을 때 우리는 피해자를 우선으로 돌봐야 해요. 피해자들이 겪을 아픔과 절망, 고립감과 고통을 최소화해야 합니다. 보통 가해자는 강하고 힘이 센 아이들이고 피해자는 약한 친구들이기 때문입니다. 2차 피해도 심각하죠. 가해자는 다양한 방법으로 피해자를 위협해요. 피해자는 보복이 두려워 입을 다뭅니다.

가해자들이 자신의 행위를 인정하지 않을 때도 있습니다. 겉으로는 반성하는 척하면서 속으로는 약자를 혐오하고 다음 희생자를 찾습니다.

그렇기에 철저한 재발 방지 장치가 필요해요. 이는 피해자만을 위한 일이 아닙니다. 한 사건에서는 가해자인 학생이 다른 사건에서는 피해자가 되기도 합니다. 누구나 피해자가 될 수 있다는 마음, 즉 인권 감수성을 길러야 합니다.

다른 사람에게 폭력이나 기타 모욕 그리고 고통을 주는 행위는 인간의 존엄성을 짓밟는 짓이며, 인간이 인간에게 해서는 안 되는 행동이에요. 가해자가 당당한 사회는 인간의 존엄이 없는 사회입니다. 약자의 삶이 무너지면, 언제든 다른 사람도 그렇게 될 수 있어요. 피해자의 억울함이 해소되지 않고 오히려 더 고통받아야 한다면, 그 사회는 건강한 사회가 아닙니다. 피해자나 가해자가 없는 공동체가 되어야 합니다. 그러려면 사회 구성원 모두가 인권의 가치를 소중히 지켜야 해요.

범죄가 발생하고 가해자와 피해자가 생기면 수사를 합니다. 수사 기관인 검사와 경찰은 범죄 혐의가 있다고 판단되면, 수사를 시작하는데 이를 '입건'이라고 해요. 그래서 범죄 혐의가 사실인지 아닌지를 가려내어, 공소를 결정하기 위해 증거를 모으고 보전합니다. 그 대상이 현행범일 때도 있지만, 자수와 신고도 있어요. 자수는 스스로 범죄를 고백하는 거예요.

고소와 고발로도 수사가 시작됩니다. 고소는 범죄 피해자 본인이나 대리인이 할 수 있어요. 범죄에는 고소가 있어야 처벌할 수 있는 '친고죄'가 있는데, 모욕죄가 그렇습니다. 누가 누구를 모욕했다고 해서 신고 없이 수사할 수 없다는 뜻이에요. 성범죄는 최근 친고죄 규정이 폐지되었어요. 따라서 누군가 피해를 입었고 그 사람이 직접 범죄 사실을 알리지 않더라도 주위 사람이 대신 나서서 기관에 고발할 수 있어요.

체포와 구속, 압수 수색은 강제 수사의 수단입니다. 이는 공권력을 바탕으로 하기에 법률이 정한 절차에 따라야 해요. 검사와 경찰 마음대로 할 수는 없다는 뜻이에요. 도주나 증거 인멸이 우려된다면 판사로부터 구속 영장을 받아 가둔 상태로 수사할 수 있습니다.

그런데 체포와 구속은 어떻게 다를까요. 체포가 피의자를 일시적으로 가두는 것이라면, 구속은 상대적으로 장기간 가두는 거예요. 체포와 구속 모두 신체의 자유를 제한하기에 법에 따라야 합니다.

우리 헌법은 영장주의를 채택하고 있어요. 반드시 영장이 발부되어야 체포와 구속을 할 수 있습니다. 범죄가 의심된다고 해서 인권을 무시하고 수사해서는 안 된다는 뜻입니다. 신체의 감금은 개인의 자유를 억압하는 중대한 문제이기 때문에, 엄격하게 법률적인 절차에 따라 집행되어야 합니다.

3 범죄자라도 인권은 보호받아요

세계 인권 선언 제11조

"모든 형사 피의자는 자신의 변호에 필요한 모든 것이 보장된 공개 재판에서 법률에 따라 유죄가 입증될 때까지 무죄로 추정될 권리를 가진다."

범죄 혐의가 있어 수사를 받을 때도 인권은 보호받습니다. 그 근거는 무죄 추정의 원칙이에요. 혐의가 있더라도 재판에 따라 유죄 판결이 나기 전에는 무죄로 봅니다. 이는 인권을 보호하기 위해 근대 형법이 도입한 중요한 원칙이랍니다.

이를 통해 국가라는 거대한 공권력 앞에서 개인인 피고인의 방어

10대와 통하는 법과 재판 이야기

권이 보장됩니다. 법적으로 피고인의 이익을 우선하는 것입니다. 무죄 추정의 원칙은 인권을 중시하고 약자를 보호합니다. 이 원칙이 있기에 유죄 증명을 피고인이 아닌 검사가 합니다.

그런데 무죄 추정의 원칙이 꼭 법정에서만 실현되어야 하는 것은 아니에요. 언론의 잘못된 보도 행태는 무죄 추정의 원칙을 깨트립니다. 재판에서 판결이 나기 전에 이미 여론몰이로 피의자에 대해 범죄자라는 인식을 심어 주는 경우가 적지 않아요.

이것은 당사자의 인격을 말살하는 행위로 헌법 정신에도 어긋나요. 우리 헌법 제27조 4항은 "형사 피고인은 유죄의 판결이 확정될 때까지는 무죄로 추정된다"라고 규정하고 있어요.

수사 과정에서 인권을 보호하는 또 하나의 장치로 '적법 절차의 원칙'이 있습니다. 피의자의 권리를 제한하려면 반드시 국회가 정한 법률에 따라야 한다는 뜻이에요. 피의자가 마음에 안 든다고 해서 법적 근거 없이 가둘 수 없어요. 우리 헌법 제12조는 "법률과 적법한 절차에 의하지 아니하고는, 처벌·보안 처분 또는 강제 노역을 받지 아니한다"고 규정하고 있어요.

피의자가 자신을 방어할 권리도 있습니다. 바로 진술 거부권이에요. 수사를 받을 때 조사관의 묻는 말에 답하지 않아도 돼요. 이건 법률로 보장된 권리예요. 따라서 진술을 거부하는 행위를 범죄시하고 비난해서는 안 됩니다.

공권력은 힘 있는 거대 조직이지만, 피의자는 힘없는 개인이기 때문에 당연히 보호를 받아야 해요. 헌법 제12조 2항도 "형사상 자기에게 불리한 진술을 강요당하지 않는다"라는 말로 진술 거부권을 명확히 하고 있어요. 따라서 조사받을 때 진술을 거부했다고 불이익을 받아서는 안 돼요. 조사 기관은 진술을 거부하는 피의자를 억압하거나 협박해서 진술을 받아내서도 안 됩니다. 진술 거부권은 힘 있는 권력자의 무기가 아니라, 우리 모두의 무기이고 국민의 권리예요.

이처럼 우리 법은 범죄 혐의가 있어 조사를 받는 사람에게 보호 장치를 만들어 인권을 보장하고 있어요. 그만큼 인간의 기본적인 권리가 중요하기 때문이죠. 앞으로도 이런 원칙은 변하지 않을 겁니다. 법은 인권을 중시하는 관점에서 운용되고, 또 앞으로도 더욱 인권을 보장하는 방향으로 발전해 나가야 합니다.

10대와 통하는 법과 재판 이야기

4 '착한 사마리아인 법'이 필요할까요?

한 아이가 길을 가다가 강도를 만납니다. 아이는 피를 흘리며 쓰러지고, 강도는 유유히 사라져요. 길을 지나가던 사람들이 아이를 발견하지만 모른 척해요. 결국 이 아이는 과다출혈로 죽고 말죠. 이때 쓰러진 아이를 외면하고 신고조차 하지 않은 사람들을 처벌할 수 있을까요?

영화에서라면 멋진 영웅이 나타나 아이를 구하겠지만, 현실은 그렇지 않아요. 세상이 각박해지면서 내 일도 아닌데 괜히 나섰다가는 피해를 보겠다 싶어 그냥 지나가 버리는 경우가 많죠. 타인의 생명을 소홀히 했으니 도덕적으로 비난받아 마땅합니다. 그렇다고 법으로 이 사람들을 처벌할 수 있을까요?

처벌하는 나라도 있습니다. 자신에게 피해가 없는데도, 위험에 처한 사람을 구조하지 않으면 '구조 거부죄'로 규정하고 처벌해요. 이런 법을 일명 '착한 사마리아인법'이라고 합니다.

'착한 사마리인'은 신약 성서에 등장해요. 어느 날 유대인이 강도를 당해서 쓰러져 있는데 유대교의 제사장과 율법을 담당하는 레위인들은 이를 보고도 그냥 지나쳐 버려요. 그러다 유대인이 혼혈족이라고 천대했던 사마리아인이 피해자를 구하고 돈까지 줘요. 유대인을 구한 사람은 다름 아닌 유대인이 천대했던 사마리아인이었던 거예요. '착한 사마리아인법'은 자신에게 피해가 없음에도 불구하고, 의도적으로 구호나 구조를 하지 않는 사람을 처벌합니다. 그당시에 이런 법이 있었으면 모른 척하고 지나간 유대교 제사장이나 레위인들은 모두 처벌받았겠지요.

세계적으로는 착한 사마리아인법이 강력한 나라로 프랑스가 꼽히고 있습니다. 예전에 영국의 다이애나 왕세자비가 프랑스에서 교통사고를 당했어요. 당시 파파라치들은 다이애나 왕세자비를 구하기보다는 사진을 찍는 일에 몰두했고 그러는 사이 다이애나 왕세자비는 죽고 맙니다. 이에 프랑스 당국은 파파라치들을 구속해 버렸습니다.

프랑스 형법은 위험에 처한 사람을 구조해도 자신이 위험에 빠지지 않는데, 구조해 주지 않은 자는 징역 또는 벌금형에 처하도록 하고 있어요. 프랑스 외에도 독일, 스위스 등에서 착한 사마리인법을

<착한 사마리아인>, 빈센트 반 고흐(1890년).
강도를 당한 유대인을 사마리아인이 말 위로 올리는 모습.

적용하고 있어요. 우리나라는 '응급 의료에 관한 법률'이 소위 착한 사마리아인법으로 불리기도 하지만 매우 제한적이에요.

사실 이 문제는 지금도 쟁점이 되고 있습니다. 도덕의 문제를 법으로 가져온다는 반론이 있고요. 또한 물에 빠진 사람을 구해 주었는데, 보따리 내놓으라는 식으로 선량한 사람이 피해를 볼 수 있다는 우려도 있어요.

착한 사마리아인법을 둘러싼 논쟁은 법이 어떠해야 하는가에 대한 이념과 철학의 문제이기도 해요. 주변 사람의 생명이 위태로울 때조차도 무심하게 지나친다면, 법이 할 수 있는 일이 무엇일까요? 반대로 도움을 받고도 고마워할 줄 모르고 외려 자신을 왜 도왔냐고 상대를 비난하며 소송을 벌인다면 이것이 과연 그 법의 취지에 걸맞은 일일까요?

누군가 말합니다. "사람을 구하는 일은 법적인 의무가 되어야 해요. 위험에 처한 사람을 구하지 않는 것은 도덕의 범위를 넘어서는 일이에요. 법이 해야 합니다."

그러자 누군가 이렇게 반론하죠. "도덕적인 규범까지 형법으로 처벌하는 건 지나친 일이에요. 모든 걸 법으로 해결하려는 사회는 결코 바람직하지 않아요."

여러분은 어떻게 생각하세요? 물론 사람마다 입장이 다를 수 있겠지만, 그래도 착한 사마리아인이 많아져야 하지 않을까요? 서로 돕고 사는 사회를 만들기 위해 법이 할 수 있는 일을 찾아야 해요. 우리 모두 안전하고 평화롭게 살 수 있는 세상을 고민해야 합니다.

10대와 통하는 법과 재판 이야기

형법에 처벌 조항이 없으면 범죄가 아닌가요?

여러분은 식인종에 관한 이야기를 들어 보셨을 거예요. 식인종을 소재로 한 영화나 책도 많죠. 어떤 종족이 사람 고기로 만든 만두를 먹는다는 이야기는 듣기만 해도 섬뜩하죠. 그런데 만약 형법에 이런 행위에 대해 처벌하는 조항이 없다면 어떻게 될까요? "법률이 없으면 범죄가 없고 형벌도 없다"는 말을 들은 적이 있을 거예요. 이것이 바로 '죄형 법정주의'로 근대 형법의 가장 중요한 원리입니다. 우리나라도 어떤 행위가 범죄가 되고 처벌하기 위해서는 국회에서 만든 법률이 있어야 해요.

보통 살인은 잔혹하고 끔찍한 범죄이기 때문에, 아주 오래전부터 법으로 처벌해 왔습니다. 사람을 죽이는 살인은 당연히 형법 규정이 있어요. 그런데 '식인 행위'는 조금 달라요. 실제 이런 일이 발생한다면 법은 어떻게 이 사건을 해결해야 할까요?

마이클 샌델 교수는 『정의란 무엇인가』에서 이 문제에 대해 흥미롭게 이야기하고 있어요. 대략 줄거리를 요약하면 이렇습니다.

2001년 독일의 로텐부르크라는 마을에서 기묘한 사건이 발생해요. 소프트웨어 기술자 브란데스는 기괴한 인터넷 광고를 보는데, 그 내용이 죽어서 다른 사람에게 먹힐 사람을 찾는다는 것이었어요. 그는 광고를 올린 컴퓨터 기술자 마이베스를 만났어요. 마이베스는 금전적 포상 없이 단지 체험만 제공하겠다고 했어요.

브란데스는 마이베스의 제안을 듣고서 자신이 잡아먹히는 것을 허락했어요. 이 엽기적인 사건에 사람들의 이목이 쏠립니다.

문제는 독일법에 식인 행위를 처벌하는 법 조항이 없다는 것이 었어요. 법성은 혼란에 빠지게 되었어요. 변호인은 희생자가 자발적으로 죽음에 동참했기 때문에 가해자에게 살인죄를 적용할 수 없다고 주장했어요. 기껏해야 '촉탁 승낙에 의한 살인죄'만 적용된다고 주장했는데, 이는 최대 5년 형을 받는 일종의 안락사죄에 불과했어요. 법정은 가해자에게 우발적 살인죄를 적용해 8년 6개월의 징역형을 선고해서 이 난제를 마무리 지으려 했습니다.

그러나 마이베스는 법정에서 종신형을 받게 됩니다. 형법상 식인에 대한 조문은 없지만, 형법 제161조를 통해 시체 손괴에 대한 죄로도 처벌할 수 있었거든요.

아무리 식인종처럼 식인 행위를 했다 하더라도 형법에 처벌 조항이 없었다면 범죄가 되지 않고 형벌도 가할 수 없었을 거예요. 불합리하다는 생각도 들겠지만, 이것은 형법의 가장 중요한 기본 원리입니다.

우리 헌법은 법률과 적법한 절차에 의하지 아니하고는, 처벌과 보안 처분 강제 노역을 받지 않는다고 되어 있어요. 그리고 모든 국민은 행위 시의 법률에 따라 범죄를 구성하지 않는 행위로 소추

되지 않고요. 새로 만든 법으로 옛날에는 죄가 되지 않았던 행위를 처벌하지 않는다는 뜻입니다. 같은 죄에 대해 거듭 처벌받는 것도 명확히 금지하고 있어요.

우리나라 형법 제1조 제1항은 범죄의 성립과 처벌에 관한 조항입니다. 그만큼 중요한 조항이기도 해요. 범죄의 성립과 처벌에 대해 아주 간단하고 분명하게 규정하고 있지요.

형법 제1조 (범죄의 성립과 처벌)
① 범죄의 성립과 처벌은 행위 시의 법률에 의한다.

이것이 죄형 법정주의예요. 이 원칙은 범죄나 재판에서 국민을 지켜 주는 역할을 합니다. 헌법과 형법에서 법률에 따르지 않고는 처벌받지 않도록 규정한 것은 우리의 생명과 안전 그리고 자유로운 삶을 보장하기 위해서입니다. 이는 우리 일상을 방어하는 강력한 무기랍니다. 이 원칙이 있음으로 해서, 우리는 범죄와 범죄가 아닌 것을 명확히 구분할 수 있어요.

3장

재판에 대해 알아볼까요

1 민사 재판과 형사 재판

철수와 영수가 싸우고 있는데요. 둘 사이의 싸움이 끝날 기미가 보이지 않아요. 개인과 개인의 싸움이죠. 그런데 이 싸움이 커져서 철수와 영수의 친구들이 합세를 해요. 집단과 집단의 싸움으로 확대되었죠. 이대로 두면 싸움은 얼마나 커질지 알 수 없어요.

바로 이럴 때 이 싸움을 해결해 주는 것이 재판이랍니다. 재판은 개인과 개인, 개인과 집단, 집단과 집단 간에 분쟁이 일어나서, 당사자들이 해결하기 어려울 때 법적으로 해결합니다.

이때 무조건 재판으로만 분쟁을 해결하는 것은 아니에요. 화해나 합의를 하기도 합니다. 합의가 안 되어도 재판까지 가고 싶지 않을 때는 '조정'과 같은 방법도 사용할 수 있어요. 법원에는 조정 위원회가 있어서 합리적인 해결 방안을 제시하기도 합니다. 그런데 조정안은 법적인 강제성이 없기에 받아들이지 않아도 돼요.

자, 이제 분쟁을 해결하기 위해서 재판을 알아보도록 하겠습니다. 재판에는 사적인 분쟁을 해결하는 민사 재판과 범죄자를 처벌하는 형사 재판이 있어요.

먼저 민사 재판에 대해 알아볼까요. 예를 들어 보겠습니다.

슈퍼히어로인 헐크에게는 고민이 하나 있습니다. 자꾸 몸이 줄었다 커졌다 해서 옷값이 많이 들어요, 그래서 돈 많은 베니스의 상인 샤일록을 찾아가서 돈을 빌렸어요. 그런데 헐크가 돈을 갚기로 한 날이 왔음에도 안 갚고 차일피일 미뤘어요.

화가 난 샤일록은 돈을 갚으라고 독촉하지만, 헐크는 들은 척도 안 합니다. 결국 재판을 통해 강제적으로 돈을 받으려고 해요. 바로 이런 재판이 민사 재판이에요. 사적인 영역에서 발생하는 분쟁을 해결합니다.

민사 재판에서 소를 제기하는 쪽 즉 샤일록을 원고라고 해요. '소'는 원고가 법원에 소송의 정당성을 심판해서, 자신의 권리를 허락해달라는 요구예요. 반대로 소를 당하는 사람 즉 헐크가 피고예요.

재판은 다음과 같이 진행됩니다. 원고인 샤일록 측에서 1심 법원에 소장을 제출해요. 법원은 피고인 헐크에게 소장의 복사본을 보내고, 피고는 30일 이내에 답변서를 제출해야 합니다. 그러지 않으면 피고 헐크의 주장은 듣지 않고 판결이 선고될 거예요.

재판에서 샤일록과 헐크는 원고와 피고로서 증거를 제출해야 합니다. 혹시라도 헐크가 돈을 갚았다면, 영수증을 증거로 제시할 수 있어요. 알아서 해줄 거로 믿고 아무것도 주장하지 않으면, 재판장은 사건에 대해서 제대로 파악할 수가 없어요. 재판에서 증거는 정말로 중요하답니다.

다음으로 형사 재판에 대해 알아볼까요? 고담시티에서 조커라는 폭력배가 활개를 치고 다닙니다. 사람을 때리고 물건을 훔치고 살인까지 저질러요. 시민의 안전이 위협받는 상황에서 이들을 지키고자 검사가 나섭니다. 절도나 폭행 그리고 살인과 같은 범죄에 대해서, 검사가 원고가 되어 법원에 재판을 청구합니다.

이렇게 재판을 청구하는 행위, 법원에 심판해 달라고 하는 것을 기소라고 해요. 기소는 국가 기관인 검사만이 공익의 대표자 자격으로 할 수 있어요. 기소하지 않는 것이 맞다고 판단하면, 기소를 미루는 기소 유예 처분을 할 수 있어요.

그런데 여기서 용어를 정리해야 할 필요가 있습니다. 용의자, 피의자, 피고인이란 말이 혼동될 수 있어요. 예를 들어 보겠습니다.

고담시티에서 한 사람이 폭행을 당하고 있어요. 이들은 모두 배트맨에 의해 경찰서로 끌려옵니다. 그런데 피해자를 때렸다고 의심되는 사람이 셋이나 있어요. 처음에 누가 범인인지를 가릴 수 없다면, 일단 세 사람이 '용의자'가 되어 의심을 받게 됩니다. 목격자의 증언과 CCTV 등을 통해서 세 사람 중 조커가 피해자를 때렸다는 사실이 확인되면, 조커는 '피의자'가 되어 경찰 조사를 받게 됩니다. 그러니까 용의자는 범죄가 의심되는 사람이고 피의자는 정식으로 입건되었으나 아직 기소가 되지는 않은 사람이에요.

폭행에 대한 형사 사건이 성립되어 검사가 조커를 법원에 기소하면 이때부터 조커는 '피고인' 신분으로 재판을 받게 됩니다. 법원은 재판을 통해 유죄인지 무죄인지 판단하고, 유죄라면 형벌을 정하게 되는데 이를 형사 재판이라고 해요.

판사는 검사와 피고인 변호사의 주장을 잘 듣고, 일차적으로 유죄인지 무죄인지를 판정하고 다음으로 형량을 결정해요. 형량은 범죄에 따른 처벌의 정도입니다. 예를 들면 징역 3년, 무기 징역 등으로 형량을 표시해요.

범죄는 사회 질서를 무너뜨리고 사회 공동체를 위협합니다. 범죄자를 그대로 두면 사람들은 밖으로 나갈 수도 없을 거예요. 무서운 살인마가 거리를 돌아다니면 누구의 안전도 보장받을 수 없어요. 누구나 언제든지 피해자가 될 수 있어요. 그만큼 형사법은 엄정해야 합니다. 다만, 범죄를 처벌하는 데에만 목적을 두어서는 안 되겠죠. 그래서 형사 재판의 판결문을 읽다 보면, 인간의 얼굴을 한 법을 만날 수 있어요. 어린 나이에 대한민국에 와서 남편에게 살해당한 이주 여성 살인 사건에 대한 판결문을 읽어 보면서, 법이란 무엇인가를 다시 생각해 보면 좋겠어요.

"노총각들의 결혼 대책으로 우리보다 경제적 여건이 높지 않을 수도 있는 타국 여성들을 마치 물건 수입하듯이 취급하고 있는 인성의 메마름. 언어 문제로 의사소통도 원활하지 못하는 남녀를 그저 한집에 같이 살게 하는 것으로 결혼의 모든 과제가 완성되었다고 생각하는 무모함. 이러한 우리의 어리석음은 이 사건과 같은 비정한 파국의 씨앗을 필연적으로 품고 있는 것이다.

이 자리에서 우리는 21세기 경제 대국, 문명국의 허울 속에 갇혀 있는 우리 내면의 야만성을 가슴 아프게 고백해야 한다. 혼인은 사랑의 결실로 소중히 보호되어야 한다. 그러나 그 가치를 온전히 지켜 낼 능력이 우리에게 있는 것일까. 코리안 드림을 꿈꾸며 이 땅의 아내가 되고자 한국을 찾아온 피해자 후안마이. 그녀의 예쁜 소망을 지켜 줄 수 있는 역량이 우리에게는 없었던 것일까. 19세 후안마이의 편지는 오히려 더 어른스럽고 그래서 우리를 더욱 부끄럽게 한다.

이 사건이 피고인에 대한 징벌만으로 끝나서는 아니 되리라는 소망을 해보는 것도 이러한 자기반성적 이유 때문이다. 이 법원은 경제적인 어려움으로 고국을 떠나 말도 통하지 않는 타국 사람과 결혼하여 이역만리 땅에 온 후 단란한 가정을 이루겠다는 소박한 꿈도 이루지 못한 채 살해되어 19세의 짧은 인생을 마친 피해자의 영혼을 조금이라도 위무하고 싶었다."

– 대전고등법원 판결문 2007노425

이 사건의 재판장은 판결문에서 19살 나이에 죽어 간 후안마이라는 베트남 여성의 죽음에 대해 안타까워하며 피해자와 피해자 가족에게 미안한 마음을 전합니다.

후안마이는 우리나라에 시집올 때 꿈이 있었고 행복하게 살고 싶었죠. 살해되기 전날, 남편에게 편지를 썼고 재판부는 이 편지를 판결문에 실었어요. 살인 사건은 너무나 잔인했어요. 그렇지만 재판부는 인간의 얼굴을 한 판결을 내리며 우리의 부끄러움을 이야기해요. 형사 재판에서 보여 준 한 재판관의 고뇌와 안타까움이 그대로 전해지는 판결이었습니다.

2 재판은 공정해야 합니다

우리나라 법원에서는 날마다 수많은 재판이 열리고 있어요. 사적인 분쟁을 다루는 민사 재판에서부터 범죄자를 처벌하는 형사 재판에 이르기까지 아주 많은 재판이 진행되고 있죠. 수많은 사건이 재판을 통해 결정이 나고, 원고와 피고는 희비가 엇갈린답니다.

여러분, 이렇게 숱한 재판이 진행되는 데 가장 중요한 요소는 무엇일까요? 바로 '공정성'입니다. 재판하면서 법관이 사람에 따라 차별을 두고 법을 불공정하게 적용한다면 문제가 되겠죠. 사람들은 재판을 불신하게 될 겁니다. 그러면 우리 사회는 법질서를 잃고 불안정해질 거예요.

재판이 본래 기능을 상실하고 분쟁도 해결할 수 없겠죠. 그래서 재판은 공정해야 합니다. 이를 위해 우리나라도 법과 원칙을 분명하게 세우고 있어요. 공정한 재판을 보장하기 위한 장치는 크게 세 가지입니다.

첫째 사법권의 독립이에요.

우리나라 헌법은 재판을 담당하는 법관의 독립성을 보장하고 있어요. 헌법 제103조는 "법관은 헌법과 법률에 의하여 그 양심에 따라 독립하여 심판한다"라고 규정되어 있어요. 법관의 독립성은 공정한 재판의 필수 조건입니다.

법관은 오로지 법과 양심에 따라 독립하여 심판해야 합니다. 특히 외부의 압력으로부터 자유로워야 해요. 재판이 돈과 권력으로부터 독립해서 공정하게 이루어지려면, 사법부의 독립이 무엇보다도 중요해요. 그래야 재판이 공정할 수 있고, 국민이 기본권도 보장받을 수 있어요. 그러니 삼권분립을 확실하게 해서 사법부의 독립은 꼭 지켜내야 하겠죠.

둘째, 재판 공개의 원칙입니다.

우리 헌법 제27조 3항은 "모든 국민은 신속한 재판을 받을 권리를 가진다. 형사 피고인은 상당한 이유가 없는 한 지체 없이 공개 재판을 받을 권리를 가진다"라고 명시하고 있어요. 재판이 공정하게 이루어지려면 재판의 과정과 결과가 국민에게 공개되어야 한다는 것이죠. 그래야 감시할 수 있잖아요.

재판이 비밀리에 이루어지고 재판 결과도 공개하지 않는다면 어떻게 될까요? 밀실 재판이 가능하다면 당연히 힘없는 사람들의 인권이 보장될 수 없을 거예요.

셋째로 삼심제입니다. 하나의 사건에 대해 여러 번 재판을 받을 수 있어요.

딱 한 번의 재판으로 결정된다면 불만을 느끼거나 억울하게 생각하는 사람이 많을 거예요. 이렇게 되면 재판의 신뢰도 떨어지고, 사법 제도 자체가 흔들릴 거예요. 그래서 1심에서 2심 그리고 3심까지 급을 달리해서, 세 차례 재판을 받을 수 있도록 한 것이죠. 이를 삼심제라고 합니다.

1심은 지방법원, 2심은 고등법원, 3심은 대법원에서 받을 수 있고, 이는 최고의 효력을 가지게 됩니다. 그리고 보통 재판을 받게 되면 판사가 한 명인 경우가 많아요. 이를 단독판사라고 하고, 1심은 지방법원 단독판사가 하는 경우가 대부분이죠. 그런데 재판이 중대해 판사가 세 명인 경우가 있습니다. 이를 합의부라고 하고, 지방법원 및 지원합의부에서 재판을 하게 됩니다.

재판의 결과에 불복해 상급심에 재판을 다시 청구하는 것을 상소라고 해요. 상소에는 항소와 상고가 있어요. 항소는 1심 재판의 결과를 받아들일 수 없어서 상급법원에 2심 재판을 청구하는 거예요. 상고는 대법원에 3심 재판을 청구하는 것이랍니다.

이렇게 우리나라는 재판의 공정성을 보장하기 위해 사법권 독립, 공개 재판, 삼심제를 법 제도로 확립하고 있어요. 다만, 모든 재판을 삼심제로 하는 것은 아니고, 이심제나 단심제로 하는 경우도 있습니다. 이 세 가지 제도는 공정한 재판을 위한 가장 기본적인 것이에요. 공정한 세상이 실현되려면 공정한 재판이 있어야 합니다.

10대와 통하는 법과 재판 이야기

3 억울한 재판을 구제하는 '재심'

재판의 공정성을 보장하기 위해 삼심제를 두고, 세 번까지 재판을 받을 수 있다고 앞에서 설명했지요. 그렇지만 재판을 세 차례 해도 잘못 판결하는 때가 있어요. 법관도 신이 아니고 사람이니까요. 이를 보완하기 위해, 재심이라는 제도를 둡니다.

재심은 판결의 오류를 바로잡음으로써, 불이익을 받은 피고인을 구제하기 위해 만든 제도예요. 비상 구제라고 생각할 수 있어요. 판결에 명백한 잘못이 있을 때, 예외적으로 새로운 판결에 따라서 구제받을 수 있도록 하는 거예요.

재판이 잘못되는 일은 생각보다 많습니다. 많은 재판이 오판으로 죄인이 아닌 사람을 죄인으로 만들어요. 재심을 통해 무죄를 받고 억울함을 풀고, 금전적인 보상을 받은 경우도 많습니다. 그러나 죄인으로 억울하게 살아야 했던 선량한 사람들의 삶은 그 무엇으로도 보상할 수 없을 거예요.

언론과 영화를 통해 잘 알려진 '약촌오거리 살인강도 사건'을 통해 좀 더 자세히 알아볼게요.

어떤 소년이 오토바이를 타고 전북 익산의 약촌오거리를 지나가다가, 우연히 살인 사건의 목격자가 됩니다. 이 소년의 나이는 거우 15살이었어요. 그런데 소년은 목격자에서 갑자기 피의자가 되는 억울한 일을 당합니다.

경찰에 의해 여관으로 끌려가서 형사들에게 폭행당하고 허위 자백을 강요받아요. 소년은 두려움과 공포 속에서 경찰이 시키는 대로 살인을 했다고 거짓 자백을 하게 됩니다. 이를 근거로 살인 혐의로 기소돼요. 그러나 소년은 재판을 받으면서 자신의 무죄를 주장합니다. 항소심 재판부는 소년에게 살인죄로 10년 징역형을 선고해요. 이 사건을 수사한 형사들은 표창장을 받고, 소년은 살인자가 되어 감옥에서 10년이라는 긴 세월을 보내고 출소합니다.

그런데 진짜 범인에 대한 첩보를 다른 경찰서에서 입수하고, 진범을 체포해요. 범행을 자백받지만, 검사의 압력으로 수사는 중단됩니다. 억울한 감옥살이를 하고 출소한 소년은 이미 성인의 나이가 되었어요. 그는 용기를 내어 재심을 신청해요. 길고 긴 법정 싸움 끝에 결국 살인자라는 억울함을 벗고 무죄를 선고받습니다. 진범이 있고 확실한 증거가 있었기에 무죄 판결은 당연했어요

영화 <재심> 포스터.
2000년 8월 10일 일어난
'익산 약촌오거리 살인강도 사건'을
재구성해 만든 작품.

이 억울한 사연이 방송에서 보도되자, 많은 국민이 관심을 가지고 재심 재판 과정을 지켜봤어요. 재심을 맡은 변호사는 공권력이 가짜 살인범을 만든 것이 사건의 본질이라고 주장하고, 책임자의 사과를 요구합니다. 그렇지만 재심 재판부는 10여 년 전 재판부가 나름대로 최선을 다했으나 좀 더 숙고했어야 한다며 유감을 표명하는 것으로 그쳐요. 억울하게 살인자가 된 피고인에 대해 진실한 사과가 없었던 거예요.

헌법 제12조에 따라 모든 국민은 고문을 받지 아니하며, 형사상 자기에게 불리한 진술을 강요당하지 않아야 해요. 그런데 15살 어린 소년은 이러한 헌법적 권리도 철저히 유린당했어요. 고문과 협박으로 살인자가 되어야 했어요. 수사뿐만 아니라 재판 과정에서도 인간의 존엄에 대한 진지한 성찰을 찾아볼 수 없었습니다.

만약에 소년이 가난한 집안이 아니라 부유한 집안이나 권력층 집안의 아들이었다면 이런 일이 일어날 수 있었을까요? 이 사건의 변호사는 "억울한 한 사람을 위해 재심의 문을 열어 주는 것, 그것이 정의를 실현하는 길이다"라고 말했어요. 수사와 재판 과정에서 억울한 사람은 단 한 사람도 있어서는 안 된다는 사실을 꼭 기억해야 합니다.

약촌오거리 살인강도 사건은 견제받지 않은 공권력이 선량한 국민을 범죄자로 만들 수 있다는 것을 보여 주었어요. 재심이 없었으면 억울한 피해자는 평생 범죄자라는 오명을 뒤집어쓰고 살아가야 했겠죠.

지금까지 법정에서는 중요한 재심 사건들이 많이 제기되었어요. 재심을 통해 무죄로 확정된 사건도 적지 않아요. 여러분이 직접 재심 사례를 찾아보면, 좋은 법 공부가 될 수 있어요.

4 　재판을 재판하는 법

　재판은 법관의 양심과 법률에 따라 독립적으로 한다고 헌법에 규정되어 있어요. 이것은 재판의 공정성을 보장하고, 사법부의 신뢰를 부여하기 위해 만든 것이죠. 그렇지만 재판을 무조건 법관에게만 맡겨 놓는다면 공정성은 보장받을 수 없을 거예요. 재판도 사람이 하는 것이기에 재판관의 성향이나 판단에 많은 영향을 받게 됩니다. 법관이 보수적이면 재판의 결과도 보수적인 경향을 띠게 되죠.

　과거 독재 시대에는 정치적 억압을 벗어나기 어려워, 법관이 소신껏 재판하기가 어려웠어요. 게다가 돈이나 권력이 많은 사람은 죄를 지어도 재판에서 보이지 않는 특혜를 받기도 했어요. 그래서 재판의 공정성은 의심 받을 수밖에 없었어요.

이를 막으려면 국민의 감시가 필요합니다. 법관이 진정으로 양심과 법률에 따라 재판하고 있는지를 살펴보고 올바른 재판 결과를 요구할 수 있어야 하는 것이죠. 법원에서는 이런 비판에 대해 좋지 않게 생각해요. 법관이 소신껏 재판하기가 어렵다고 주장해요. 그렇지만 사법부도 엄연한 국가 기관입니다.

대한민국은 민주주의 국가이고, 나라의 주인은 국민이에요. 국민은 입법, 행정, 사법 등 국가의 모든 업무를 감시하고 비판할 권리가 있어요. 국회의원이나 장관이나 법관 등은 모두 국민이 위임한 권리를 법에 따라 행사하고 있어요. 국민이 나라의 주인이기 때문에, 당연히 일을 잘하라고 비판할 수가 있습니다. 사법부도 주권자의 비판을 겸허히 받아들이고 숙고하는 자세를 취해야 합니다.

예를 들어 보겠습니다. 한 운전자가 만취 상태에서 뺑소니로 사망 사고를 냅니다. 재판부는 술을 마셨다는 이유로 '심신미약 감경'을 적용해 집행유예를 선고해요. 술에 취하면 몸과 마음이 정상인과 달리 약해지기 때문에, 정상을 참작해 처벌을 약하게 한다는 거예요. 이런 식의 판결은 법을 떠나 국민의 상식에 맞지 않습니다.

오히려 술을 마시고 사망 사고를 냈다면 더 심각한 범죄로 보아야 해요. 이런 재판에 대해 비판하지 않고 사법부에게만 맡겨 둔다면 음주 사고는 사라지지 않겠죠. 이런 일을 막으려면 사법부의 독선을 바로잡고 잘못된 법률은 고쳐야 합니다.

우리나라에서는 판결을 잘못했다고 판사가 처벌을 받지는 않아요. 그렇지만 유럽 국가들 중에는 법 왜곡죄를 형법에 두고, 잘못된 재판에 대한 책임을 묻고 있어요. 특히 독일에서 법 왜곡죄는 중대한 범죄에 해당합니다.

판사와 검사가 실체적 진실을 외면하고 사법 정의를 호도한다면, 이는 법치주의를 흔드는 일이고 국민 위에 군림하겠다는 오만이에요. 기소와 재판을 맡은 검찰과 사법부는 국민이 신뢰하는 기관이 되어야 합니다.

우리는 주권자가 국민이라는 사실을 다시 한 번 생각하고, '비판하는 국민'이 되어야 해요. 잘한 것은 칭찬하고, 잘못된 것은 고치라고 명령해야 하죠. 그래야 우리가 진짜 나라의 주인이 되는 거예요. 대한민국의 진짜 주인들이 나서야 법치주의가 바로 서는 나라로 만들 수 있어요.

여러분도 언론에 보도되는 재판에 관심을 기울일 필요가 있어요. 재판을 보는 안목을 기르면 앞으로의 인생에 도움이 됩니다. 법과 재판을 바르게 잘 아는 것은 인생에서 지도를 확보하는 것과 마찬가지예요. 자신의 권리를 제대로 지키기 위해서도 꼭 필요한 일입니다.

국민 참여 재판은
어떻게 할까요?

우리나라에서는 2008년부터 국민 참여 재판이 시작되었어요. 국민 참여 재판은 배심원이 참여하는 형사 재판이에요. 배심원은 법률 전문가는 아니지만 일반 국민 중에서 뽑힌 사람이에요. 배심원들은 재판에 참석해서 피고인에 대해 유죄인지 무죄인지에 대해 판정하고, 피고인에게 선고할 형벌을 평의하게 되죠.

배심원의 평결은 원칙적으로는 권고이지만 재판부가 국민 참여 재판의 의미를 살리기 위해 존중해요. 그렇지만 중대한 문제가 있는 경우에는 배심원의 평결을 뒤집기도 한답니다.

여기서 평의와 평결은 무슨 뜻일까요. 평의는 의논 또는 토의하는 거예요. 평결은 결론을 내는 것으로, 배심원의 최종 판단이고 결과이지요. 법정에서 공방이 벌어지면 배심원들이 지켜봐요. 이 과정이 끝난 뒤에 배심원들이 모여 피고인의 유죄와 무죄에 관해 토론하는 것이 평의이고, 평의 끝에 최종 판단을 내리는 것이 평결이에요.

영화 <배심원들>은 국민 참여 재판에서 배심원들의 역할과 고민을 잘 보여 줍니다. 덕분에 국민 참여 재판의 의미와 필요성이 많이 홍보되기도 했죠. 피고인의 억울함을 밝히는 데는 좀 더 나은

영화 <배심원들> 포스터.

제도라는 점이 부각되었어요.

국민 참여 재판에서는 배심원들이 피고를 직접 신문하는 것은 금지되어 있어요. 재판을 지켜보면서 증인이나 피고인에 대해 궁금한 점이 생기면 신문이 끝난 후, 종이에 적어서 재판장에게 전달합니다. 판단을 위해 필요한 사항은 판사에게 물을 수 있어요.

배심원은 만 20세 이상의 대한민국 국민으로 해당 지방법원 관할 구역 주민 가운데 무작위로 선정해요. 영화 <배심원들>을 보면 주인공이 어느 날 갑자기 배심원으로 선정되는 장면이 나와요. 배심원단으로 참여해서, 법정에 출석해 재판을 지켜보고 평의를 통해 유죄인지 무죄인지 평결을 내려요.

우리 헌법 제27조 1항에는 "모든 국민은 헌법과 법률이 정한 법관에 의하여 법률에 의한 재판을 받을 권리를 가진다"라고 나와 있어요. 국민이면 누구나 법관에 의한 재판을 받을 권리를 가지고 있어요. 그래서 피고인이 원하지 않으면 국민 참여 재판은 할 수 없게 되어 있어요. 피고인 입장에서는 자신에게 어떤 재판이 유리할 것인지 고민하고, 국민 참여 재판과 일반 재판 중 하나를 선택하게 되겠죠. 예를 하나 볼까요?

2015년에 경북 상주 어느 마을에서 농약 사이다 사건이 일어나요. 할머니들이 사이다를 마셨는데, 그 안에 든 농약 때문에 두 명이 죽고 나머지 분들이 중태에 빠진 기괴한 사건이었어요.

그런데 같은 마을의 한 할머니가 범인으로 지목되어, 검찰이 살인죄로 기소합니다. 그 할머니는 자신이 범인이 아니라고 부정하면서 국민 참여 재판을 청구했어요. 나이가 많으니 배심원들의 동정심을 얻기에 유리하다고 판단한 것으로 보입니다.

그렇지만 5일간 진행된 재판에서 배심원단 일곱 명이 만장일치로 유죄를 인정했어요. 피고인이 고령의 할머니이지만 자신과 엇갈린 증언을 한 피해자들을 공격하고, 불리한 질문에 대해서는 기억이 나지 않는다며 답변을 회피해서 유죄 판단을 내릴 수밖에 없었어요. 대법원에서도 무기 징역을 선고한 국민 참여 재판과 원심 판결이 정당하다고 수긍해 유죄를 확정했답니다.

이렇게 우리나라에서는 국민 참여 재판이 도입되어 조금씩 확대되고 있어요. 권고적인 성격이고 법적인 구속력은 없지만 판사가 배심원의 평결과 다른 선고를 할 경우에는, 피고인에게 배심원의 평결 결과를 알려 주고 평결과 다른 선고를 한 이유를 판결문에 분명히 밝히도록 하고 있어요.

미국은 조금 다릅니다. 우리나라의 국민 참여 재판과 비슷한 배심원 제도가 있는데 이는 강제적입니다. 배심원들이 평결을 내리면 판사는 거부하지 못하고 따라야만 해요. 우리나라보다는 배심원의 권한이 훨씬 크지요.

이렇게 하는 이유는 재판이 비록 전문적인 법을 다루는 과정이기는 하나, 생활 속에서 살아가는 배심원들의 생각을 반영하는 것이 더 낫기 때문이에요. 배심원들의 건전한 상식이 전문적인 법 적용의 한계를 보완해 줄 수 있다고 보는 것이죠.

법관의 전문성에서 오는 한계와 오류도 분명히 존재하거든요. 그래서 건전한 국민들의 상식이 폭넓게 반영되는 균형 잡힌 재판이 필요한 거예요. 이런 생각이 국민들 사이에 확산되고 있기에, 국민 참여 재판의 역할이 커지고 있어요.

인공 지능 판사가
더 공정한 재판을 할 수 있을까요?

    요즘 과학 기술의 발달로 예전에는 불가능했던 일들이 가능해지고 있습니다. 이는 재판에서도 중요한 변수로 작용해요. 예를 들어 우리나라 가정법원에서 친생자임을 확인받는 재판이 있었어요. 부인이 남편 사망 후 남편의 냉동 정자를 해동하고 임신해서 아이를 낳았거든요. 유전자 검사를 통해 동일 부계, 즉 남편의 자식이라는 검사 결과가 나왔어요. 법원에서도 이 사실을 확인하고 사망한 남편의 자식이라고 판정했어요.

    이처럼 세상은 급변하고 있어요. 최근 주목받는 기술 중 하나는 인공지능 AI입니다. 인공지능이 소설도 쓰고 바둑도 둡니다. 프로 바둑 기사 이세돌과 알파고의 대결은 유명했죠. 결국은 인공지능 알파고의 승리로 끝났습니다. 이 기술은 날로 발전하여 언젠가는 인공지능이 운전을 비롯해 인간이 해오던 일을 상당 부분 대체할 거로 전망해요. 이제는 법률을 다루는 일에도 인공지능의 도입을 주장하는 사람들이 있어요.

    인공지능 AI가 재판의 효율성과 공정성을 높이는 데 기여한다는 것입니다. 그동안 법이 돈과 권력이 있는 사람에게 관대하고, 약자에게 냉혹하다는 비판이 있었잖아요. 유전무죄, 무전유죄라는 말이 유행할 정도였습니다. 이는 절대 과장이 아닙니다. 우리나라 사법 신뢰도가 2019년 경제협력개발기구OECD 37개 국가 중에 37위를 차지했다는 부끄러운 통계도 보도되었어요. 그만큼 국민들의 불신이 높다는 뜻이겠지요. 같은 죄를 저질렀으면 같은 벌을 받아야 하는데, 현실은 그렇지 않으니까요.

근본적인 한계도 있어요. 사람의 판단이 기계처럼 정확할 수는 없으니까요. 이런 상황이 '인공지능 재판관'에 대한 기대를 높이고 있어요. 오랫동안 법조계에 축적된 빅데이터가 있기 때문입니다. 올바른 판례를 적용하면 공정한 재판이 이루어진다는 것이죠. 무엇보다도 전관예우 같은 비리가 없는 재판이 가능하다는 주장입니다.

물론 반론도 만만치 않아요. 인공지능 역시 인간이 만들기에 또 다른 차원의 불공정 문제를 낳을 수 있다는 것이죠. 어떤 빅데이터를 쓰느냐에 따라, 즉 인간의 선택에 따라 결과가 달라질 수 있으니까요. 충분히 제기될 수 있는 문제이고, 그런 문제를 해소할 방안도 마련해야 하겠죠.

그렇지만 이미 국제적으로 인공지능 판사의 등장은 현실화되고 있어요. 머지않아 우리나라에서도 인공지능 판사가 나타날지도 모른답니다.

미래 사회에서는 인공지능이 정말 인간을 능가하게 될까요? 이세돌과 알파고의 대결에 대해 당시 슈미트 구글 회장은 누가 이기

든지 인간의 승리라고 했어요. 인공지능도 인간이 빅데이터를 활용하여 만든 것이고, 인류의 오랜 기간 지식을 축적해서 사용한 것이니까요. 우리에게 필요한 것은 두려움이 아니라 앞날을 잘 내다보고, 필요한 일이 무엇인지를 찾아 미리 대비하는 지혜입니다.

4장

법으로 읽는 세계 명작

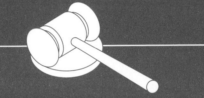

1 셰익스피어의 『베니스의 상인』
- 나쁜 계약의 효력

　요즘도 높은 사채 이자로 어려운 사람들을 더욱 궁지로 몰아넣는 악덕 고리대금업자가 있어요. 어느 시대나 어떤 나라 할 것 없이 마찬가지로 이런 일이 있죠. 16세기 영국의 셰익스피어가 살던 시대에도 마찬가지였습니다. 당시 고리대금업자는 부도덕의 상징이었어요.

　셰익스피어는 자신의 유명한 소설 『베니스의 상인』에 샤일록이라는 악덕 사채업자를 주인공으로 등장시킵니다. 샤일록은 부도덕하지만 불법은 아닌 대부업을 하면서 재산을 크게 불려 나갔어요. 이런 샤일록을 비난하고 사람 취급 안 하던 사람이 안토니오였어요. 샤일록도 그를 원수같이 생각했죠. 그렇다고 아무 잘못도 없는

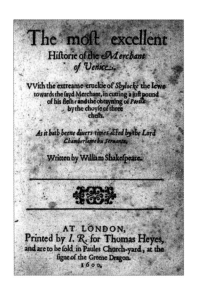
『베니스의 상인』 초판 표지(1600년).

안토니오를 마음대로 해칠 수는 없었습니다. 영리한 샤일록은 합법적으로 안토니오를 해칠 기회를 찾고 있었어요. 그러던 중 바시니오라는 사람이 안토니오를 찾아가 돈을 빌려 달라고 사정을 합니다. 결혼 비용이 필요했거든요. 안토니오는 그를 도와주고 싶었지만 돈이 없었어요. 안토니오는 궁리 끝에 바시니오와 함께 샤일록을 찾아가 돈을 빌려주면 보증을 서겠다고 합니다.

샤일록은 안토니오를 해칠 좋은 기회라고 판단하고, 돈을 빌려주는 대신 특별한 조건을 내걸어요. 돈을 못 갚으면 심장에서 가장 가까운 흰 살 1파운드를 떼어 내겠다는 내용의 차용증을 쓰게 합니다. 안토니오는 샤일록의 이런 요구를 흔쾌히 받아들이고, 차용증에 서명합니다.

차용증은 돈을 빌려주었다는 증서예요. 법적 다툼에서 매우 중요한 역할을 합니다. 돈을 빌려주는 채권자 처지에서는 언제 얼마를 빌려주었고, 이자는 얼마로 하고, 언제 반환받을지 등을 꼼꼼히 기재해야 합니다.

반대로 돈을 빌린 채무자라면 상대방이 돈을 돌려 받았다는 영수증이 중요하겠죠. 차용증이나 영수증은 재판에서 증거가 됩니다.

자, 그런데 과연 샤일록의 요구가 요즘에도 유효할까요? 돈을 빌려주는 대가로 사람의 신체 일부를 요구하는 일이 가능할까요? 일단 우리나라에서는 무효입니다. 현행법상 사적인 계약의 자유는 인정되지만 한계가 있어요.

개인끼리의 계약이라고 하더라도 공익을 해치거나 신의 성실의 원칙에 반하면 무효입니다. 민법 제103조(반사회 질서의 법률 행위)에는 "선량한 풍속 기타 사회 질서에 위반한 사항을 내용으로 하는 법률 행위는 무효로 한다"고 나와 있어요. 따라서 사람의 살을 잘라 내겠다는 그것도 심장 부위의 살을 잘라 내겠다는 계약은 무효가 될 수밖에 없어요.

다시 베니스의 상인으로 돌아가서 이야기를 계속할게요.

바시니오는 결혼 비용을 대고자 샤일록에게 돈을 빌리고 여기에 안토니오가 목숨을 담보로 걸어요. 그런데 바시니오가 빌린 돈을 갚지 못하자, 사건은 법정으로 가게 됩니다. 그런데 절체절명의 순간 반전이 일어나요. 재판장에 선 안토니오 앞에, 법관으로 변장한 바시니오의 현명한 부인 포셔가 등장해요.

포셔는 차용증대로 판결하겠다고 하면서, 샤일록에게 "피를 흘리지 말고, 살만 베라"고 명령합니다. 차용증서에 피를 가져간다는 말은 없잖아요.

샤일록이 차용증을 내세워 합법적으로 안토니오를 해치려고 하자 포셔가 여기에 맞서 지혜로운 판결을 내린 거예요. 사실상 담보 조건을 무력화합니다. 피를 흘리지 않고 살을 벨 수 있는 방법은 없으니까요. 샤일록은 화가 나서 이게 법이냐고 반문하지만, 재판은 샤일록의 패배로 끝나죠.

우리는 셰익스피어의 이 작품을 통해 정의로운 판결이 무엇인지 알게 됩니다. 악덕 고리대금업자로부터 선량한 사람들을 구하는 지혜를 볼 수 있어요. 그 후 이 소설에 등장하는 샤일록은 돈을 위해서라면 뭐든지 하는 악덕 부자를 일컫는 상징적인 이름으로 남게 됩니다.

2 도스토옙스키의 『죄와 벌』
- 법과 정의에 대한 성찰

러시아의 소설가 도스토옙스키는 젊은 시절 늘 가난에 시달리며 살았어요. 글을 열심히 써도 돈이 부족하자 도박에도 손을 대요. 그런데 돈을 따기는커녕 순식간에 빚만 몇 배로 늘어났습니다. 소설 속에도 이런 경험이 녹아 있어요.

소설 『죄와 벌』에 등장하는 주인공 라스콜니코프는 가난한 대학생이었어요. 허름한 옷에, 가지고 있던 물건을 전당포에 맡기면서 힘들게 살았어요. 밀린 월세 독촉이 두려워 하숙집 주인을 피해 다녔습니다.

그런데 법대 휴학생인 주인공에게는 공익과 정의를 실현하겠다는 신념이 있었어요. 돈은 가난하고 어려운 사람들에게로 가야 한

『죄와 벌』 초판 표지(1867년).

다고 생각했죠. 전당포 주인처럼 추악하고 탐욕스러운 노파에게 많은 돈이 있는 것은 부당하다고 생각했습니다. 주인공은 극단적인 방법을 택합니다. 돈밖에 모르는 노파를 죽이고, 돈을 탈취해 좋은 일에 쓰면 된다고 생각합니다. 그런 식으로 살인을 합리화하죠. 좋은 목적을 위해서는 수단이 나빠도 괜찮다고 독백합니다. 노파를 살해하는 범죄가 수천의 생명을 구하는 정의로운 일이라는 잘못된 결론에 도달하고 말아요.

이 소설에는 법과 정의에 대한 진지한 성찰이 담겨 있어요. 주인공의 행동은 정의라는 이름으로 정당화될 수 있을까요? 법에서는 이를 어떻게 판단해야 할까요? 아마도 정의를 위해 한 사람의 생명을 희생시키는 일은 옳지 않다는 데는 이견이 없을 듯합니다.

결국 주인공은 살인을 저지릅니다. 그것도 노파뿐만 아니라, 노파에게 노예처럼 학대당해 온 그 여동생까지 죽여요. 『죄와 벌』에는 살인의 동기와 살해 과정, 증거 인멸을 위한 과정이 구체적으로 묘사되고 있어요. 자수하러 가기 전 자기 여동생에게, 내가 무슨 죄가 있느냐며 분노에 찬 목소리로 묻죠. 『죄와 벌』에서 주인공이 겪는 형벌은 체포와 구속 그리고 유형 생활이 아니에요. 살인 이후 겪게 되는 주인공의 고통은 불안감과 공포였습니다. 탐욕스러운 노파도 마땅히 존중받아야 할 소중한 생명이고 인간이라는 사실을 주인공은 비로소 깨닫습니다.

주인공은 재판을 받으면서 모든 것을 털어놓습니다. 사건의 구체적인 정황은 물론 노파의 여동생인 가여운 리자베타를 살해한 과정도 설명합니다. 그는 재판에서 자신의 죄를 인정하는 태도와 불길에 휩싸인 아파트에서 아이들 둘을 구한 일이 참작되어 8년 징역형을 선고받아요.

주인공은 감옥에서 자유를 찾고 인생의 전환점을 맞습니다. 작가는 이 작품을 통해 죄를 씻는 길은 법적으로 형을 마치는 것만이 아니라, 진정한 반성과 사랑으로 새롭게 거듭나는 것이어야 한다고 말하고 있어요. 가난하지만 신념에 찬 대학생이 살인자가 되고, 수형 생활을 거치며 새로운 삶을 찾는 이야기는 법과 정의에 대해 많은 생각을 하게 합니다.

3 　'선녀와 나무꾼'
─ 나무꾼과 사슴이 저지른 죄는?

　'선녀와 나무꾼'은 우리에게 익숙한 동화입니다. 나무꾼은 사슴의 도움으로, 선녀가 목욕하는 장소에 갑니다. 선녀의 옷을 훔쳐 하늘로 돌아가지 못하게 해서 혼인을 해요. 선녀는 나무꾼의 홀어머니를 모시며 아이 둘을 낳고 살지요.

　이후 날개옷을 되찾은 선녀는 아이 둘을 데리고 하늘로 올라갑니다. 지상에 남은 나무꾼은 외롭고 쓸쓸하게 선녀를 그리워한다는 것으로 이야기는 끝나요. 다른 나라에도 이와 비슷한 이야기가 있어요. 그만큼 전 세계에서 보편적으로 전해 내려오는 옛이야기인 셈이죠.

　그저 재미있는 이야기일 뿐이라고 생각하면 그만이지만 법의 관점에서 보면 문제가 많아요. 이 이야기에는 선녀의 입장이 고려되어 있지 않아요. 한번 살펴볼까요?

먼저 나무꾼이 선녀를 만나는 장면입니다. 우리나라의 성폭력처벌법(성폭력범죄의 처벌 등에 관한 특례법) 제12조는 '성적 욕망을 만족시킬 목적으로 목욕장·목욕실, 탈의실 등에 침입하는 행위'를 처벌해요. 멀리서 지켜만 보았다고 항변할 수도 있습니다.

그런데 우리나라 주거 침입죄 판례를 보면 주거의 범위를 주변 땅까지 포함하고 있어요. 따라서 목욕하는 모습을 육안으로 볼 수 있는 거리까지 다가가면 침입이라고 할 수 있어요. 게다가 선녀의 옷이 보관된 장소는 탈의실이므로, 나무꾼의 행위는 성폭력처벌법 제12조를 위반한 것이 분명하죠.

타인의 옷을 숨겨서 하늘나라로 돌아가지 못하게 한 행위는 우리나라 판례상 '체포 감금'의 범죄에 해당합니다. 더구나 결혼을 목적으로 그 여인을 강제로 데려갔으니, 추행 등 목적 약취(납치 행위)의 범죄까지 성립해요.

우리나라 가족법에 따르면 혼인은 양쪽 당사자가 합의해 혼인 신고를 해야 법적으로 성립됩니다. 혼인할 의사가 없는 사람(선녀)을 갈 곳이 없다는 딱한 사정을 이용해서 억지로 함께 살도록 해놓고, 나무꾼 혼자서 혼인이라고 주장해도 그 혼인은 인정될 수 없어요.

'선녀와 나무꾼'은 성범죄 피해자와 가해자 사이의 이야기예요. 그 이야기를 어린이에게 들려주면서, 남성이 여성을 강압해서 함께 살도록 해도 된다는 생각을 잠재의식 속에 심어 주고 있죠. 옛이야기라고 해서 아무 생각 없이 들을 것이 아니라, 오늘날 성 평등 관점에서 다시 한 번 생각해 볼 필요가 있답니다.

그리고 이 이야기에 등장하는 사슴의 행위는 나무꾼의 범죄에 대한 교사 또는 방조가 됩니다. 교사는 범죄 의도가 없는 사람에게 범죄를 부추기는 행위예요. 방조는 이미 범행 의도를 가진 사람을 도와서, 범죄가 가능하거나 쉬워지도록 돕는 거예요.

사슴은 어떻게든 결혼을 해보겠다고 혈안이 되어 있는 나무꾼에게 중요한 정보를 제공해서, 범죄를 수단으로 자신의 목적을 달성하도록 도왔어요. 사슴이 목욕하는 선녀에 대한 정보를 주자마자, 나무꾼은 한 치의 망설임도 없이 범행을 저질렀어요. 나무꾼에게 의도가 있었으니, 사슴의 행위는 교사보다는 방조라고 보는 것이 맞겠네요.

사슴이 은혜를 갚았다는 것이 이 동화의 중요한 전달 사항인 것 같은데요. 그러나 여성을 감금해서 임신시키고, 여러 해를 그 상태로 유지하도록 도운 것이 옳은 일이라고 볼 수는 없어요. 범죄를 선행으로 포장한 이 이야기는 생각할수록 우리의 가슴을 답답하게 하죠.

여러분, 같은 동화라도 이렇게 다르게 볼 수가 있답니다. 범죄를 그럴듯하게 미화하는 이야기를 아무 생각 없이 받아들여서는 안 되겠죠. 그래야 그런 범죄가 없는 세상을 만들 수 있고, 또 자신도 모르게 범죄에 빠지는 실수를 하지 않을 테니까요.

4 '잠자는 숲속의 공주'
– 양성평등을 위한 성인지 감수성

여러분 어렸을 때 읽었던 '잠자는 숲속의 공주'를 기억하나요. 세계적으로 널리 알려진 동화죠. 미국의 유명한 영화사에서 애니메이션 영화로 제작해서 인기를 끌기도 했습니다. 또 발레 공연으로도 유명하답니다.

그런데 이 동화는 알려진 대로 아름다운 사랑의 이야기일까요? 다른 시선으로 보면 이야기도 달라진답니다. 먼저 동화의 줄거리를 간단히 살펴볼게요. 어느 왕국에 공주가 태어나자 왕은 매우 기뻐하며 축하 파티를 열어요. 많은 이들이 모여 공주에게 축복을 내리죠. 그런데 한 마법사가 자신을 초대하지 않은 것에 분노하며 공주가 물레에 찔려 죽게 될 거라고 저주합니다. 왕은 나라의 모든 물레를 불태우고 공주를 숲속으로 피신시켜요. 그러나 이를 알게 된 마법사의 계략에 의해 공주는 열여섯 살이 되던 해에 깊은 잠에 빠져요. 그 후 백마를 탄 왕자가 나타나 키스를 하자 공주는 깨어나 왕자와 행복하게 살았다는 이야기예요.

이 동화에서 공주의 삶은 무척 수동적입니다. 자신의 운명을 위해서 사실상 하는 일이 별로 없어요. 공주의 아버지인 왕 역시 물레를 전부 없애 버리는 폭정을 저질러요. 백성 입장에서 보면 황당한 일이죠. 하루아침에 옷을 만들어 입지도, 그것으로 먹을 것을 구할 수도 없게 됩니다. 물론 아주 먼 옛날, 봉건 시대 이야기니까 그러려니 하고 넘어갈 수 있어요. 하지만 왕자의 행동을 어떻게 생각해야 할까요?

공주는 잠에 빠진 상태입니다. 왕자를 본 적도 없고, 대화를 나눈 적도 없어요. 낯선 사람입니다. 당연히 공주는 지나가는 사람이 자신에게 키스를 해도 된다고 동의한 적이 없습니다. 그런데도 왕자는 대뜸 잠을 자는 공주에게 키스를 하죠. 엄밀하게 따지면 이런 행위는 항거 불능 상태를 이용한 준강제 추행의 범죄에 해당합니다. 가끔 드라마에서도 기습 키스 장면이 나오는데, 이때도 마찬가지예요. 상대방의 동의가 없으면 범죄입니다.

법적으로 준강제 추행은 피해자가 잠을 자거나 술에 취해 정신이 없는 상태에서, 가해자가 일방적으로 추행하는 범죄를 말합니다. 강제 추행은 피해자가 항거하는데도, 가해자가 강제로 추행하는 것을 말하지요. 준강제 추행이나 강제 추행은 파렴치한 범죄로서 형벌이 상당히 무거워요. 왕자가 오늘날 대한민국에서 태어났다면 준강제 추행죄로 교도소에 있을 겁니다.

우리가 아는 많은 동화에 아름다운 여성과 여성을 구해 주는 백마 탄 왕자들이 등장합니다. 대개 결혼으로 끝맺는 이런 이야기들은 여성의 운명은 전적으로 남성의 사회적 지위에 종속된다는 전제를 깔고 있어요. 이런 남성 우월주의로 점철된 동화를 계속해서 들려주는 건 시대착오적입니다. 자라나는 아이들에게 성 역할에 대한 편견을 심어 주면, 성인이 되어도 성인지 감수성에 문제가 생길 수 있어요. 우리나라 대법원은 이 문제에 대해 다음과 같이 주의하라고 하였어요.

'법원이 성폭행이나 성희롱 사건의 심리를 할 때에는 그 사건이 발생한 맥락에서 성차별 문제를 이해하고 양성평등을 실현할 수 있도록 '성인지 감수성'을 잃지 않도록 유의하여야 한다.' (대법원 2018. 10. 25., 선고, 2018도7709, 판결)

성인지 감수성은 현실적으로 성별 간에 불균형이 있다는 사실을 이해하고, 일상생활에서 성차별적 요소를 민감하게 잘 파악하는 것을 말합니다. 특히 성범죄 같은 사건을 다루는 재판에서는 성인지 감수성을 잘 발휘해, 피해자를 배려하여 사건을 다루고 판결해야 합니다.

 얼마 전 대법원에서도 상대방의 동의도 없이 한 기습적인 키스는 강제 추행에 해당한다는 판결을 내렸어요. 상대방의 동의 없는 신체 접촉은 범죄라는 인식을 가져야 해요. 특히 동화는 아이들이 인생에서 처음 만나는 책이에요. 당연히 법에 대한 올바르고 정확한 인식이 담겨 있어야겠죠. 범죄 행위를 미화시키는 동화를 만들면 안 됩니다. 아이들이 범죄를 범죄인지도 모르고 외려 아름다운 행위로 교육받으면서 자라게 될 테니까요.

사형 제도는
유지해야 하나요?

　사형 제도는 오랫동안 논란이 되어 왔습니다. 우리나라 형법에는 지금도 사형 제도가 존재해요. 그리고 여론 조사를 하면, 사형 제도는 찬성 비율이 높게 나오는 편이에요.

　그러나 사형 제도는 세계적으로 폐지되는 추세에 있으며, 2018년 기준으로 사형 제도 폐지 국가가 106개국이나 됩니다. 우리나라는 사형이 형법에 있기는 하지만, 집행하지 않고 있어요. 그래서 우리나라는 실질적인 사형 폐지 국가라고도 해요. 여러분은 사형 제도에 대해 어떻게 생각하나요?

철수: 잔혹하고 흉악한 범죄를 예방하기 위해서 반드시 사형 제도가 있어야 해. 연쇄 살인범에 희생당한 사람들을 생각하면 사형 말고는 답이 없어.

영희: 그건 보복이지. 국가가 보복을 하는 것이 말이 된다고 생각해? 사형 선고가 살인 사건을 줄이는 것이 아니야. 범죄를 예방하는 실질적인 대책을 마련해야지.

철수: 사형 제도가 있어야 개인적으로 복수하는 일을 막을 수 있어. 헌법 조문에도 사형이라는 말이 나오는 걸 보면 우리 헌법도 사형을

인정한다고 봐야 해. (헌법 제110조 4항)

영희: 재판은 완벽하지 않아. 무고한 사람을 사형시키는 일이 일어날 수 있어. 살인자로 오판되었던 재판이 재심으로 무죄가 되는 경우도 있었거든.

사형 제도가 생명권을 침해한다는 헌법 소원이 있었어요. 춘천지검에서 강도 살인죄로 기소되어, 1987년에 사형 선고를 받은 한 범죄자가 청구했어요. 그는 "한 사람의 생명은 전 지구보다도 무겁고 소중하며 절대적인 것으로서 인간 존엄의 근원을 이룬다고 할 것인데, 국가가 이를 박탈함은 첫째, 인도주의적 입장에서 허용될 수 없는 것이고, 둘째, 재판도 하나의 제도로서 인간이 행하는 것인 만큼 오판에 의한 사형의 집행은 영원히 구제할 수 없는 결과를 초래하는 것이며, 셋째, 사형은 일반인이 생각하는 것처럼 일반 예방의 효과가 과히 크지 않다"라고 주장했어요. 비록 각하되기는 했지만 지금도 논의되는 내용이에요.

노벨 평화상 수상자인 김대중 전 대통령도 1980년 내란 음모죄로 사형 선고를 받았어요. 전두환 군사 독재 정권이 민주주의를 탄압하기 위해 희생양으로 삼은 것이죠. 그 후 국제 사회는 김대중 전 대통령을 양심수로 지정해 구명 활동을 전개했고, 결국 사형을 면합니다. 1998년 2월 대한민국의 대통령이 되었어요.

김대중 전 대통령이 당시 사형을 당했더라면 어땠을까요? 민주주의와 인권을 위해 싸운 인권 운동가이자 정치가를 국가가 살해한 또 하나의 사례로 남았을 거예요. 일부 국가에서는 사형 제도를 이용해 정치적 반대자를 억압하고 제거했습니다. 이를 통해 합법적으로 자신의 독재를 강화했어요.

극악무도한 살인 사건이 터질 때마다 사형에 대한 국민적 요구는 증가했어요. 범죄를 예방하려면 사형 제도가 유지되어야 한다는 주장은 설득력을 얻기도 합니다. 이렇듯 사형제 존폐는 우리 사회의 중요한 이슈입니다. 국회는 물론 일반인들도 관심을 가지고 있어요. 여러분은 사형제의 존폐에 대해 어떻게 생각을 하나요?

사실 이 문제는 흑백으로 나뉘어서, 찬반을 표시할 문제만은 아닙니다. 사형제에 앞서 무엇이 정의인가에 대한 폭넓은 사회적 합의가 필요합니다. 또 생명권을 존중하는 헌법의 취지를 어떻게 살릴 것인지 깊은 논의도 필요합니다.

사형제를 찬성하는 쪽은 흉악한 범죄자를 사형시키는 것이 법 정의를 실현하는 것이라고 믿죠. 살인 같은 흉악 범죄로부터 선량한 사람들을 보호하려면 사형 같은 강력한 처벌을 해야 한다는 것이죠.

반면에 사형제를 반대하는 쪽은 앞에서 헌법 소원 내용처럼 아무리 큰 죄를 지었어도 인간의 존엄한 생명을 해쳐서는 안 된다는 것이에요. 재판이 잘못돼서 무고한 사람을 죽일 수도 있고, 범죄

예방 효과가 크지 않다는 주장도 있어요.

　이런 논의 과정에 여러분의 생각과 판단도 반영될 수 있다면 더욱 좋겠어요. 사형제에 관해 잘 판단해 보세요.

5장

역사에 남은 세계의 재판

1 하늘의 진리를 부정한 '갈릴레오 갈릴레이 재판'

로마에 있는 수도원에서 종교 재판이 열립니다. 사건의 당사자는 바로 갈릴레오 갈릴레이예요. 천문학자로서 지구가 돈다는 사실을 알게 되었지만, 말할 수 없었어요.

코페르니쿠스도 화형을 당할까 두려워, 지구가 태양의 주위를 돈다는 내용을 책으로 써 놓고도 출간을 미루었습니다. 그가 지동설을 주장한 『천구의 회전에 관하여』는 그가 죽고 나서야 출판되었어요. 종교 개혁가로 알려진 마르틴 루터는 코페르니쿠스를 향해 "저 바보가 우주 진리에 대한 이론을 뒤집는다"며 비난했어요. 대과학자는 한순간에 바보가 되고 말았지요.

갈릴레이는 물리학뿐만 아니라 수학과 천문학 등에서도 뛰어난

업적을 거둡니다. 맨눈으로 천체를 관찰하던 시대에 최초로 망원경을 개발했어요. 이를 통해 달의 표면이 평평하지 않고 울퉁불퉁하다는 사실을 발견합니다. 목성과 금성을 관측하고 태양의 흑점도 발견했어요. 관측 결과를 토대로 코페르니쿠스의 지동설이 사실이라는 것을 과학적으로 증명하지요. 그러나 그는 지동설에 대한 견해를 1610년에야 세상에 알립니다.

당시 사람들은 코페르니쿠스를 미쳤다고 생각했어요. 하지만 갈릴레이는 알고 있었습니다. 그의 말이 진실이며 태양이 아니라 지구가 돈다는 사실을요.

이후 교황청은 갈릴레이에게 지동설은 이단이니 더는 주장하지 말라고 명령했어요. 무시무시한 경고였죠. 그렇지만 갈릴레이는 연구를 계속합니다. 1632년에 『프톨레마이오스와 코페르니쿠스 두 개의 우주 체계에 관한 대화』라는 책을 출간해요. 거기서 교황청이 주장하는 천동설이 허구이며 지구가 돈다는 과학적 증거를 제시합니다. 그러나 진실이 세상에 알려질 것을 두려워한 교회는 이 책을 금서로 지정하고 종교 재판을 열어 갈릴레이를 심문해요. 계속 지동설을 주장하다가는 화형당할 것은 불을 보듯 뻔한 상황이었습니다.

교회는 갈릴레이에게 죄를 참회하고 용서를 빌면 살려 주겠다고 회유를 했어요. 지동설을 철회하고 천동설이 옳다는 서약을 요구합니다. 갈릴레이는 이를 받아들여요. 그래서 종교 재판소의 판결은

로마 교황청의 심문을 받는 갈릴레오, 크리스티아노 반티(1857년).

무기 징역이었으나, 가택 연금으로 감형을 받았어요. 죽기보다는 살아남아서 계속 연구를 통해 진리를 밝히는 길을 선택한 거예요.

갈릴레이가 법정에서 나오며 "그래도 지구는 돈다"는 말을 했다는 일화는 유명합니다. 그러나 그 말은 아무도 들을 수는 없었을 거예요. 그랬다가는 다시 끌려가서 화형을 당했을 테니까요. 독백이었을 테지만 중요한 것은 진리 추구를 멈추지 않았다는 점이겠지요.

갈릴레이가 재판을 받기 30여 년 전에도 지동설을 주장한 사람이 있었습니다. 조르다노 브루노라는 학자로 사제 서품을 받은 그는 신학 공부를 하면서 우주에 대한 새로운 이론을 주장해요. 코페르니쿠스의 책이 그의 인생을 바꾸어 놓습니다. 당시 그는 우주가 무한할 뿐만 아니라 태양계와 비슷한 수많은 세계가 있다고 주장합니다. 지금은 당연한 이야기지만 당시로써는 신의 섭리를 거역하는 파격적인 우주론이었어요.

동료 수사들이 그리스도를 부정한다는 이유로 브루노를 고발합니다. 그는 체포되어 1차 재판을 받고, 로마에서 다시 2차 재판을 받아요. 여기서 브루노는 하느님이 자신의 주장이 틀렸다고 직접 지적하지 않는 한, 자기주장을 철회하지 않겠다고 말해요. 결국 1600년에 화형을 당합니다.

사형 선고를 받는 날, 브루노는 재판관들에게 "선고를 받는 나보다 선고를 내리는 재판관들이 더 두려울 것"이라고 말할 정도로 신념에 차 있었어요. 그가 죽은 지 30여 년이 지난 후 같은 자리에 갈릴레이가 서게 됩니다. 세상은 달라지지 않았고 종교 재판소는 여전히 강력한 힘을 가졌어요. 교회에 반기를 들다가는 목숨을 내놓아야 했습니다. 화형은 인간이 인간에게 가할 수 있는 가장 잔혹한 형벌이었어요. 그러나 그 어떤 권력도 진실을 이길 수는 없어요. 코페르니쿠스에서 브루노로 다시 갈릴레이로 이어지면서 지동설이라는 진리는 결국 승리합니다.

지금은 너무나 당연한 진리를, 목숨을 걸고 말해야 했던 시대였습니다. 종교와 법의 이름으로 진리를 왜곡했던 시대는 끝났습니다. 그러나 어느 시대든 진리와 정보를 독점하려는 세력은 있어요. 법은 이러한 시도들을 견제하고 진리를 수호하는 역할을 해야 합니다.

2 대학살의 책임을 물은 '나치 전범 아이히만 재판'

범죄란 무엇일까요? 그리고 범죄자는 어떤 특징이 있는 걸까요? 이 문제를 생각해 보게 하는 세기적인 재판이 이스라엘의 예루살렘 에서 열렸어요. 2차 대전이 끝나고도 한참 뒤인 1961년 4월의 일이 었습니다. 유대인 학살의 주범 아돌프 아이히만이 아르헨티나에서 15년간 도피 생활 끝에, 이스라엘 경찰에 잡힙니다. 그는 그동안 이 름과 과거 행적을 숨기고 살았어요.

제2차 세계 대전을 일으킨 히틀러의 나치즘은 반유대주의를 내 세웠어요. 당시 독일에서는 열등한 인종은 말살해야 한다는 주장이 아무런 비판 없이 받아들여졌어요. 히틀러는 공공연하게 유대인을 혐오하면서 그들을 공동체의 일원으로 인정하지 않았어요.

10대와 통하는 법과 재판 이야기

예루살렘 법정 피고석에 앉아 있는 아돌프 아이히만(1961년).

결국, 전쟁 중에 홀로코스트라는 대학살을 자행합니다. 약 600만 명의 유대인이 희생되지요. 1941년 나치 정권은 잔혹한 유대인 전멸 정책을 시행합니다. 단시간에 수많은 사람을 죽이기 위해 독가스까지 개발해요. 이러한 대학살극에 결정적 역할을 한 사람이 바로 아이히만이었어요.

재판은 전 세계에 생중계됩니다. 아이히만이 방탄유리를 낀 피고인석에 서는 순간 이를 지켜보던 사람들이 깜짝 놀라요. 악마 같은 존재로 상상했던 아이히만은 옆집 아저씨 같은 편안한 인상이었어요. 더욱 놀라운 것은 아이히만의 태도였어요. 그는 기소 내용을 부정합니다. 유대인 학살을 지시하고 계획을 수립한 것은 맞지만 공무원으로서 상부의 지시를 어길 수 없었다고 주장해요.

자신이 한 일은 행정적 절차일 뿐 이것이 고발된 내용을 입증할 수는 없다는 겁니다. 명령에 따랐을 뿐 유대인을 직접 죽인 적이 없다고 당당하게 말합니다. 명령을 받고 마음에 갈등이 없었느냐는 질문에, 갈등은 국론이 분열되고 국가가 분열되는 일이라서 명령에 복종해야 했다고 말했어요. 즉 공무원 신분으로 국가의 명령을 어길 수 없었기에, 자신은 무죄라고 주장한 것이에요.

재판 과정에 심리학자들의 보고서도 올라왔는데, 여섯 명의 정신과 의사들은 그를 정상이라고 진단했어요. 심지어 어떤 의사는 자신보다 더 정상이라고 했어요. 아이히만을 긍정적인 사람으로 평가합니다. 그가 정신 이상이나 심신미약 상태가 아니었다는 거예요. 즉, 그는 정말 그렇게 믿고 있었던 겁니다. 사람들은 동요했고 딜레마에 빠졌어요. 아이히만의 주장이 완전히 잘못되었다고 할 수는 없었으니까요.

재판 과정을 8개월간 지켜본 철학자 아렌트는 『예루살렘의 아이히만-악의 평범성에 관한 보고서』라는 책에서 이렇게 말합니다. "아이히만은 아주 근면한 인간이다. 근면성 자체는 결코 범죄가 아니다. 그러나 그가 유죄인 명백한 이유는 아무 생각이 없었기 때문이다."

악한 사람은 특별하게 태어나는 것이 아니에요. 누구나 악인이 될

10대와 통하는 법과 재판 이야기

수 있어요. 비판하는 힘을 잃어 버리고 생각하지 않고 살아가며, 맹목적으로 따라가는 삶은 제2의 아이히만을 만들어 낼 수 있어요. 풍부한 정보와 이성적 판단이 지배하는 현대 사회는 그럴 일이 적어 보이지만 그렇지 않아요. 주어진 정보나 판단을 아무 생각 없이 받아들이면 자신도 모르게 반인도적인 범죄를 저지를 수도 있어요.

5·18 광주 민주화 운동에 대해 생각해 볼까요? 그때 광주 시민을 무자비하게 죽인 군인들은, 그저 시키는 일을 했다고 변명할 수 있을까요? 그렇다면 아이히만과 다르지 않아요. 그런 일을 저지르지 않으려면 자신들이 하는 일이 무엇인지 깨달아야 했어요. 죄 없는 국민의 생명을 빼앗는 살인 행위라는 것을 알아야 했어요. 군인으로서 명령에 무조건 복종하기보다는, 국민을 보호해 국가의 안위를 지킨다는 생각으로 명령에 불복종하는 것이 법을 지키는 길이었어요.

악인이나 범죄자는 특별한 얼굴을 하고 있지 않아요. 평범한 사람인 우리도 언제든 그렇게 될 수 있습니다. 생각 없이 살아간다면, 자신도 모르게 다른 사람에게 고통을 주는 범죄 행위를 하게 될지 몰라요. 생각하는 삶은 법적인 삶을 사는 데 있어서 가장 중요하고 필요한 것입니다.

유대인 학살이 자행될 때 아이히만과 완전히 반대되는 일을 한 사람도 있어요. 바로 쉰들러라는 사업가였는데요, 영화로도 잘 알려진 그는 한 명의 유대인이라도 더 구하려고 최선을 다합니다. 광란의 시대에 흔들리지 않고 의연하게 행동한 의인이었죠.

영화 〈쉰들러 리스트〉에서 그는 "한 생명을 구하는 것은 온 세계를 구하는 것"이라는 말을 남깁니다. 너무나 고귀한 인간 선언이었지요. 쉰들러는 그렇게 나치즘이라는 악으로부터 인간의 존엄성을 지켜낸 역사적인 인물로 남게 됩니다.

3 범죄자의 인권을 보장한 '미란다 재판'

"당신은 묵비권을 행사할 권리가 있고, 당신이 하는 말은 당신에게 불리한 증거가 될 수 있으며, 당신은 변호사를 선임할 권리가 있다."

미란다 원칙은 여러분도 들어본 적이 있을 거예요. '미란다'는 한 범죄자의 이름입니다. 그는 소녀를 납치해 강간하고, 체포되어 경찰에게 자신이 범인임을 자백해요. 그런데 미국 연방대법원에서는 그에게 무죄 판결을 내립니다. 이유는 경찰이 미란다에게 진술 거부권이나 변호인을 선임할 수 있는 권리를 미리 알려 주지 않았다는 것입니다.

그러자 엄청난 비난이 쏟아져요. 어떻게 피해자보다 범죄자의 권리를 더 중요하게 생각할 수 있느냐는 것이었죠. 그렇지만 미란다 판결은 아무리 큰 죄를 저지른 범죄자라고 해도, 법적인 권리가 있다는 것을 확고히 했어요.

미란다는 어려서부터 소년원을 들락거리며 수많은 범죄를 저질렀습니다. 여론이 좋을 리가 없죠. 그럼에도 이 사건을 맡은 70대 국선 변호인 알빈 무어는 피의자 권리를 확고히 지켜 내요. 이 판결에서 9명 대법관 중에서 5명이 피의자 권리를 지지하는 판결을 내려요. 미란다 원칙을 이끌어 낸 워렌 대법원장은 진보적이고 혁신적인 판결로, 미국 사회를 변화시킨 인물로 존경받습니다.

수사 기관은 적법한 절차에 의해서 자백을 받아 내고 처벌해야합니다. 이는 범죄자인 미란다만을 위한 것이 아니었어요. 누구나피의자가 될 수 있으니, 단 한 명의 억울한 사람도 없어야 한다는 것이 이 판결의 정신이었어요. 1966년 미국 연방대법원의 판결에 따라 만들어진 미란다 원칙은 이후 전 세계에 큰 영향을 끼쳐요.

이전까지만 해도 경찰은 자백을 받기 위해 피의자의 약점을 이용하고 혹독한 신문을 했습니다. 피의자는 헌법적 권리가 있는지도 알지 못했어요. 그러다 미란다 재판 이후에는 형사 사건에서 피의자에게 불리한 증언을 강요받지 않을 권리와 변호사를 선임할권리를 알게 됐어요. 이를 어기고 받아 낸 자백은 효력이 없게되었습니다.

우리나라는 군사 독재 시절 수사 기관이 고문으로 자백을 받아

10대와 통하는 법과 재판 이야기

내거나 사건을 조작해서, 멀쩡한 사람을 간첩으로 몰고 간 사건들이 많았어요. 고문이나 가혹 행위를 통해 무고한 사람들이 갑자기 간첩으로 조작되어, 사형당하거나 무기 징역을 살아야 했어요. 나중에 재심을 통해 무죄 선고를 받고 국가로부터 손해 배상을 받지만, 그 억울함은 말로 다 할 수 없었을 거예요.

미란다 원칙의 정신은 이처럼 피의자의 인권이 짓밟혀서는 안 된다는 것입니다. 흔히 생각하듯 범죄자의 권리를 보장하는 원칙이 아니에요. 피의자의 인권이 보장되어야 헌법 정신이 실현될 수 있어요. 피의자 인권 존중은 인간의 기본권을 지키려는 노력으로 보아야 해요.

우리 중 누군가의 기본권이 무너지면, 나머지 사람들의 기본권도 무너집니다. 그러니 피의자의 인권 보장이 곧 나의 인권 보장인 셈이에요. 법은 모든 사람에게 공정해야 하고, 범죄자도 예외가 될 수 없습니다.

미란다 원칙의 정신은 우리나라 헌법에서도 확인할 수 있어요. 헌법 제12조 제5항은 "누구든지 체포 또는 구속의 이유와 변호인의 조력을 받을 권리가 있음을 고지받지 아니하고는 체포 또는 구속을 당하지 아니한다"라고 규정하고 있어요.

헌법 정신을 어기는 잘못된 법 집행이 이루어지지 않도록 우리 국민이 철저하게 감시해야 합니다. 그래야 군사 독재 시절의 악몽을 되풀이하지 않을 수 있어요.

그런데 그 후 미란다는 어떻게 되었을까요? 그는 미란다 판결 후에도 죄를 반성하기는커녕 자신이 미란다 원칙을 만든 주인공이라며 자랑하고 다녀요. 그러다가 어느 술집에서 최후를 맞습니다. 싸움을 벌이다가 살해되고 마는데 아이러니하게도 체포된 피의자는 미란다 고지를 받아요. 죄를 지은 사람은 언젠가 벌을 받는다는 진리는 미란다에게도 예외는 아니었습니다.

4 여성 참정권 쟁취의 불꽃 '수잔 앤서니 재판'

수잔 앤서니 재판을 이야기하려면, 여성 참정권의 역사에 대한 이해가 필요해요. 참정권은 프랑스 대혁명 이후 전제주의가 무너지고 민주주의가 시작되면서 시민들의 권리로 인정받습니다. 그러나 여성은 그 후로도 오랫동안 투표를 할 수 없었어요. 참정권이 없었기 때문입니다. 그 이유는 중요한 국가의 문제를 여성이 관여해서는 안 되고 그럴 수도 없다는, 오랜 편견과 차별 때문이에요. 여성은 남성보다 능력이나 판단력이 부족하다고 본 것이죠. 혁명의 진원지였던 프랑스도 마찬가지입니다.

자유롭고 평등한 시민 사회를 향한 프랑스 혁명에서 발표된 '인간과 시민의 권리 선언'조차 여성에게는 예외였어요. 인간은 자유롭고 평등하다고 선언했지만, 이때의 '인간'에 여성은 포함되어 있지 않았습니다. 결국은 남성의 권리 선언에 불과했던 거예요.

올랭프 드 구즈는 여기에 반기를 든 대표적인 인물입니다. 그녀는 여성 참정권을 요구하면서 여성도 연단에 올라 연설할 권리가 있다고 주장했어요. 그러면서 앞서 인간과 시민의 권리 선언을 본따 '여성과 여성 시민의 권리 선언'을 합니다. 그녀는 여기서 주권의 원리가 국민에게 있고, 국민은 여성과 남성이라고 해요. 남성과 평등한 권리를 주장합니다. 그러나 남성 권력은 구즈의 선언을 용납하지 않았어요. 구즈는 사형을 선고받고, 단두대에 올라 처참하게 죽어야 했습니다. 당시 여성에게 참정권 요구는 목숨을 걸어야 하는 일이었죠. 그 후로도 여성들은 죽음을 각오하고 참정권 투쟁의 역사를 이어갑니다.

수잔 앤서니는 1872년 실시된 미국 대통령 선거에서 참정권 쟁취 투쟁에 나섭니다. 몸을 밧줄로 묶고 나타나 투표를 하겠다고 주장했어요. 여성에게는 투표권이 없다고 하자 미국 수정헌법 제15조를 근거로, 남자들만 투표하라는 법률은 없다고 주장합니다. 미국 수정헌법 15조는 남북전쟁 이후 노예제를 폐지하면서, 미합중국 시민의 투표권은 인종, 피부색 또는 이전 예속 상태를 이유로 부정되거나 제한받지 않는다는 내용이었어요. 수잔 앤서니가 투표권 행사를 강행하자 미국 전역에서 항의가 들어옵니다. 분노한 남성들이 고발장을 내고 수잔 앤서니는 법정에 서게 돼요. 수잔 앤서니의 변호사는

수잔 앤서니

수잔 앤서니는 시민권자이고, 수정헌법 15조에 의해 투표권은 제한받아서는 안 된다고 주장합니다. 그러나 담당 판사는 수정헌법 15조에 여성의 선거권은 없다며 100달러의 벌금형을 선고해요. 수잔 앤서니는 벌금 납부를 거부합니다.

　죽는 날까지 여성의 참정권을 주장한 앤서니는 여성의 투표권 쟁취를 보지 못했지만, 이후 수정헌법 제19조에 의해 여성 참정권이 인정됩니다. 그래서 제19조는 '수잔 앤서니 수정 조항'이라고도 불려요. 재판에서는 패배했지만 진정한 승리자는 수잔 앤서니였던 셈입니다.

수정헌법 제19조

1. 미국 시민의 투표권은 성별을 이유로, 미합중국 또는 어떤 주에 의해서도 부정되거나 제한되지 아니한다.

수잔 앤서니는 재판 직전 시민이 법 앞에 평등하다는 인정을 받을 때까지, 계속해서 투쟁할 거라는 자신의 약속을 지켰어요. 그녀의 투쟁은 비단 여성들만을 위한 것이 아니었습니다. 이전에는 흑인 투표권 쟁취를 위해 싸웠고 결국 승리했어요. 여성 투표권은 그 후 반세기 이상 걸려서야 얻을 수 있었어요.

특히 1848년 7월 미국 뉴욕에서 열린 세네카 폴스 대회는 역사상 최초로 열린 여성 권리 대회였습니다. 이 자리에 모인 300여 명의 시민은 '입장 선언'을 통해 투표권을 요구했습니다. 수잔 앤서니는 이 모임을 주도한 엘리자베스 케디 스탠튼과 함께 투표권 쟁취 투쟁을 벌입니다. 백악관 앞에서도 시위를 벌이고, 시가행진을 하며 헌법 개정을 요구합니다. 결국, 많은 여성이 감옥에 끌려가게 되고, 단식 투쟁까지 벌이게 됩니다. 앤서니는 이러한 흐름의 중심에 섭니다.

과연 그 힘은 어디에서 온 걸까요? 수잔 앤서니는 헌법을 연구하는 여성이었어요. 헌법의 중요성과 가치에 대한 믿음이 누구보다 강했고 결국 헌법으로 승리합니다.

오늘날 수잔 앤서니는 조롱받고 탄압받던 여성이 아닙니다. 미국 사회에서 존경받는 위대한 인물이 되었어요. 1979년 수잔 앤서니의 얼굴이 1달러 동전에 들어갑니다. 모욕과 고통을 이겨 내고, 여성과 남성이 동등하게 투표권을 행사할 수 있는 꿈을 이룬 거예요. 한 사람의 꿈이 만인의 꿈이 되고 현실이 된 것이죠.

5

광기의 인권 유린
'세일럼의 마녀재판'

마녀사냥과 마녀재판은 유럽의 중세 시대에 수많은 사람들을 처형시킨 '묻지마 살인'이었어요. 마녀로 의심받은 용의자는 돈이 많은 과부나, 가족이 없는 미혼 여성이 많았어요. 마녀 용의자는 재판 비용을 전부 자신이 내야 했고, 화형당해 죽고 나서는 전 재산을 몰수당했어요. 다음은 그 희생자들과의 가상 인터뷰입니다.

마녀 용의자 안젤리나: 우리는 곧 화형당할 거예요. 지금도 온갖 고문을 당하고 있고요. 우리는 인간이 아닙니다. 우리를 죽음으로 몰고 갈 교수대로 향하는 사다리 이용료를 내야 하고, 우리의 몸을 태우고 남은 재를 처리하는 비용도 내야 해요. 채찍으로 때리고 관절을 뽑는 끔찍한 고문

비용도 우리가 냅니다. 믿기 어렵다고요? 마녀 재판 기록을 한번 읽어 보세요.

마녀로 몰려 죽은 프랑스의 영웅 잔 다르크: 나는 마녀로 몰려 처형당했어요. 마녀로 몰리는 여자들 중에 혼자 사는 여자들이 많았어요. 부패한 권력이나 성직자가 우리를 마녀로 몰았고, 대중들은 마녀사냥에 정신을 잃었죠. 우리는 분풀이 대상이었습니다. 우리를 화형하는 날이 그들에게는 축제의 날이었어요. 귀족들은 귀빈석에 앉아서, 군중들은 저주를 퍼부으며 마녀의 죽음을 환호했어요. 그렇지만 난 마녀가 아니라 프랑스를 구한 소녀예요. 그런데도 마녀재판이라는 잘못된 판결로 억울하게 죽어야 했어요.

1484년 교황은 공식적으로 마녀의 존재를 인정합니다. 마녀를 판별하는 법을 적은 『마녀를 심판하는 망치』라는 책도 나와요. 이 책을 통해 마녀는 실재하며, 따라서 마녀재판은 정당하다고 주장하면서 화형도 정당화했어요.

마녀의 판별법 중에는 '물 시험'이 있었어요. 용의자를 물에 집어넣는 거예요. 그 사람이 진짜 마녀라면 즉시 튀어나올 것이고, 아니라면 물속에 그대로 있을 거라고 했죠. 그렇지만 둘 다 죽기는 마찬가지였어요. 말도 안 되는 방법으로 멀쩡한 사람을 마녀로 몰아 죽이는 일이 역사에서 실제로 벌어진 거예요.

『마녀를 심판하는 망치』 표지(1669년판)

마녀를 심문하는 이단 심문관은 고문 기술자였습니다. 이들은 가혹한 고문을 개발하고, 마녀재판의 충실한 충복으로 일한 대가로 엄청난 연봉과 사회적 지위를 누렸어요. 심문관에 대한 기록이 아직도 남아 있습니다. 마녀사냥은 한마디로 광기에 의한 인권 유린이었습니다. 집단 히스테리로 개인이나 소수 집단을 마녀로 몰아 살해했어요.

힘없는 사람을 혐오의 대상으로 삼는다는 점에서 이런 일은 지금도 계속되고 있어요. 우리나라에서 얼마 전 '240번 버스 기사 사건'이 있었어요. 어떤 사람이 인터넷 게시판에 한 운전기사가 아이만 내리게 하고는 내려달라는 엄마의 말을 무시하고 그대로 출발했다는 비난 글을 올렸어요. SNS를 중심으로 비난 글이 쏟아졌습니다. 버스 기사는 이 때문에 자살을 생각할 정도로 심각한 스트레스에 시달렸다고 해요. 그런데 조사 결과 게시 글은 사실이 아닌 것으로 드러났어요.

지금도 SNS상에서는 이런 일이 비일비재해요. 이런 일들은 사실 확인 없이 한 사람의 인생을 매장시킨다는 점에서 현대판 마녀사냥이라고 할 수 있습니다.

다시, 역사 속 마녀사냥으로 돌아가 볼까요? 중세가 저물면서 마녀사냥도 사라지는 듯했습니다. 그런데 17세기 말 미국에서 마녀재판이 다시 한번 등장해요. 1692년 당시 영국의 식민지였던 미국 매사추세츠주 세일럼 마을이 바로 그 현장입니다. 무려 200명에 가까운 마을 사람들이 한꺼번에 마녀로 고발돼요. 재판의 쟁점은 '과연 마녀가 실제로 존재하는가'와 '실제로 마녀가 마법으로 아이들을 괴롭히고 있는가'였어요. 결과는 놀라웠습니다. 마을 주민 186명이 체포되고 그중 19명이 사형당했으며 17명이 재판 과정에서 사망합니다.

그 시작은 마을에 사는 패리스 목사의 딸과 조카였습니다. 이 아이들이 어느 날 발작을 일으키고, 몸을 뒤틀며 알아들을 수 없는 소리를 했어요. 이들을 진료한 의사는 마녀의 짓일 거라고 말하죠. 사람들의 요구에 두 소녀는 세 사람을 마녀로 지목합니다. 패리스 목사는 이들을 고발하고, 세일럼 마을의 판사는 구속 영장을 발부해요. 구금된 세 명 중 티투바라는 패리스 집안의 노예는 남편에게 불이익이 갈 것을 두려워해서, 자신이 마녀라고 진술하고 말아요. 진짜 마녀가 있다고 믿은 마을 사람들은 두 소녀의 증상이 호전되지 않자 더 많은 사람을 마녀로 몰아갑니다.

마을은 마녀재판이라는 광기에 빠져듭니다. 증거랄 것도 없이 그저 강요된 진술이나 의심만으로 사형 선고와 구속이 이어져요.

마녀 용의자들은 중세 때처럼 잔인하게 고문당해요. 마녀로 몰린 엄마뿐만 아니라 아이들도 함께 죽음으로 내몰았어요. 잔혹한 범죄가 법이라는 이름으로 저질러졌어요.

그러나 처형과 고문과 구속이 이어져도 소녀들의 병은 나아지지 않았어요. 마녀를 잡고 처형까지 시켰으면, 분명히 병이 나아야 하는데 호전되지 않았던 거예요. 급기야는 총독의 부인도 마녀로 고발돼요. 그러자 총독은 환영 증거와 같은 증거 능력이 없는 증거는 사용해서는 안 된다고 하고 형사 순회 재판소를 해산합니다. '환영 증거'라는 게 자기 눈에만 보이는 거잖아요. 객관적일 수가 없죠. 그렇게 재판은 중단이 되었지만, 그 희생은 너무도 컸습니다.

최초의 고발자였던 패리스 목사가 사과하고 마을에서 떠났지만, 진정한 반성은 한참 후에 이루어졌어요. 매사추세츠주는 억울하게 유죄 판결을 받은 피해자들의 기록을 말소하고 배상금을 지급했습니다.

지금도 미국 세일럼에는 당시의 흔적들이 남아 있습니다. 마녀재판으로 19명의 사형을 선고했던 조나단 코윈 판사의 집은 마녀의 집으로 불리며 관광객들이 찾는 명소가 되었어요.

마녀재판에서 이렇게 많은 희생자가 나온 것은 고문으로 사건을 조작했기 때문이에요. 구속되어 불안정하고 공포스러운 상황에서 잔혹한 고문이 이어졌습니다. 마녀임을 부인하면 혹독한 고문으로 죽임을 당합니다. 또한 세일럼의 마녀재판은 유죄 판결을 한 번 받으면 상소를 인정하지 않았어요.

우리나라 헌법에는 신체의 자유가 보장되어 있고, 고문을 받아서 한 자백은 증거로 인정하지 않아요. 우리가 누리는 헌법과 법률이 얼마나 소중한 것인지, 세일럼의 마녀재판을 통해서 다시 한번 느낄 수 있을 거예요. 법은 이렇게 숱한 사람의 희생으로 세워진 소중한 제도랍니다. 저는 여기서 온라인상의 마녀사냥에 대해 주의를 드리고 싶어요.

표현의 자유는 헌법상 보장된 국민의 기본권이에요. 그렇지만 다른 사람의 명예도 매우 소중한 권리죠. 댓글을 쓸 때 거짓인 경우뿐만 아니라, 사실인 경우에도 명예훼손이 될 수 있다는 것을 명심해야 해요. 우리 한 사람 한 사람이 뉴스의 진원지가 될 수 있기에 공익적 관점이 있어야 합니다. 권력자들이 자신들에게 유리하도록 마녀재판을 유도하는지도 살펴야 해요.

마녀재판에는 사회적 공식이 있습니다. 우선 상대적으로 힘이 약한 소수자를 대상으로 해요. 그들을 혐오하도록 대중을 부추깁니다. 그 공식에 따라 어느 순간 자신이 마녀로 지목될지 모릅니다. 나는 소수자가 아니라고 안심할 수 없어요. 마녀사냥은 공동체 모두를 불행하게 만드는 일이에요. 마녀는 없습니다. 누군가를 마녀로 지목하는 사람이 바로 가해자예요. 그러니 지금 이 순간 누가 마녀를 만들어 내는지 잘 보아야 해요.

6

진실을 향한 고난
'드레퓌스 재판'

프랑스에서 특정인을 두고 간첩이다, 아니다로 나라 전체의 여론이 격렬하게 양분되었던 사건이 있었습니다. 바로 드레퓌스 사건이에요. 진실과 거짓이 치열하게 다투었습니다. 처음엔 거짓이 진실을 이기는 듯했죠. 그러나 거짓이 진실 앞에 무릎 꿇게 됩니다.

증거를 조작하면서까지 희생자를 간첩으로 몰고 간 이 일은 유대인이 범인이길 바라는 프랑스 군부와 언론, 법원이 중심이었어요. 당시 프랑스의 어려운 사회적 상황에 대한 국민적 분노를 유대인에게 몰아가려 했던 거예요. 인종주의적 몰지각과 편견이 이 사건을 키우는 데 일조했어요.

1894년 프랑스군 장교 드레퓌스는 간첩으로 몰려 종신형을 받고 남아프리카 프랑스령인 '악마의 섬'에 유배를 가게 됩니다. 사건은 쓰레기통에 버려진 명세서로부터 시작됩니다. 프랑스군 참모본부 정보국 앙리 소령에게 전해진 이 명세서에는 프랑스 군대와 관련된 일급비밀이 적혀 있었고, 발신인은 '무뢰한 D'라고 되어 있었어요.

정보국 조사관들이 인사 기록을 뒤져 드레퓌스를 지목합니다. 독일어가 가능한 그는 참모본부에서 유일한 유대인이었습니다. 정보국에서는 프랑스인 대신 인종이 다른 그를 범인이라고 믿고 싶었던 거예요. 추정은 확신으로 발전합니다. 드레퓌스의 필체를 근거로 반역은 군인의 치욕이니 자살하라고 종용하기도 했어요. 그러나 드레퓌스는 자신은 죄가 없으며 끝까지 살아남아 진실을 밝히겠다고 말했습니다. 결국 드레퓌스는 약속을 지켰어요. 그 과정에서 많은 희생이 있었습니다. 지금까지 나온 기록으로 사건을 재구성하면 다음과 같습니다.

정보 요원 A: 유대인인 드레퓌스가 분명히 간첩일 거야. 독일어에 능숙한 사람이니까. 우리 프랑스 태생이 첩자 노릇을 할 리 없잖아.

정보 요원 B: 그렇지만 필체가 다른 것 같은데요.

정보 요원 A: 그건 중요하지 않아. 글을 쓸 때 일부러 손을 떨어서 그런 거겠지. 어쨌든 그가 범인이야. 이 사실이 밖으로 알려지면 우리 군대의 치욕이 될 수 있으니, 자살하라고 하는 편이 낫겠어.

10대와 통하는 법과 재판 이야기

정보 요원 B: 그자의 사무실과 집을 뒤졌지만, 증거를 발견하지 못했어요. 게다가 자살은커녕 살아남아서 진실을 밝히겠다고 한답니다.

정보 요원 A: 건방진 녀석. 어쨌든 일단 비밀로 해야 하네.

정보 요원 B: 이미 언론에 간첩이 체포되었다는 기사가 쏟아지고 있어서 비밀로 하기는 어렵습니다. 드레퓌스를 기소해야 한다고 메르시에 국방부 장관께서 의견을 내야 합니다.

정보 요원 A: 그렇다면 할 수 없지. 하지만 공개 재판은 안 돼. 국가 안보가 걸린 문제이니 비공개로 해야 한다고 보고하게.

드레퓌스 재판은 국가 안보를 빌미로 비공개로 진행되었어요. 증거로 제시된 명세서와 필체가 다른 이유는, 그가 일부러 그런 것이라고 주장했어요. 드레퓌스는 성실한 군인이었어요. 하지만 참모장교 위베르 앙리는 증인으로 참석해, 군부 내에 반역자가 있으며 그가 드레퓌스라고 지목했어요. 결국 드레퓌스는 반역죄로 종신형을 선고받고 유배지로 갑니다. 그런데도 언론은 유대인 혐오를 조장하면서 드레퓌스를 사형시켜야 한다고 주장했어요. 드레퓌스는 무고한 사람이 불명예를 당하고 있다고 단호하게 말했지만, 군은 그의 계급장과 참모본부의 상징인 붉은 줄을 가차 없이 뜯어 버리죠. 언론에 선동당한 군중들은 드레퓌스를 죽이라고 외쳤어요.

당시 드레퓌스의 심정은 어땠을까요. 죽음보다 참기 힘든 모욕과 형벌이었을 거예요. 그러나 어둠이 빛을 이기지 못하듯이 진실은 승리합니다. 드레퓌스 사건은 종신형으로 끝나는 듯했지만 2년 후 정보국 중령 조르주 피카르는 필적이 드레퓌스의 것이 아니라, 프랑스군 소령 에스테라지의 것임을 밝혀냅니다. 진범의 윤곽이 드러난 거예요.

그러나 프랑스 대중에게 영웅으로 대접받던 진짜 간첩 에스테라지와 애초에 드레퓌스를 간첩으로 지목했던 앙리는 언론을 활용하면서 가짜 뉴스를 흘려요. 급기야 에스테라지는 정의의 아이콘처럼 되어 버려요. 프랑스 혁명의 후예들이 정의를 부정하고 인종주의에 물든 선택을 한 거예요. 이런 혼란 속에서 작가 에밀 졸라가 결단을 내립니다. 그는 '나는 고발한다'라는 제목의 대통령에게 보내는 편지 형식의 칼럼을 〈로로르〉지에 실어요. 이 신문은 30만 부나 팔려 나가요. 이 일로 졸라는 프랑스 군부를 모욕했다는 혐의 등으로 기소가 되고 재판에 회부됩니다.

에밀 졸라는 프랑스의 대표적 지식인이자 작가입니다. 그가 쓴 『목로주점』 등의 소설은 가난하고 어려운 사람들의 삶과 사랑을 따뜻하게 다루고 있어요. 구체적이고 사실적인 묘사로 인생에서 소중한 가치가 무엇인지 묻는 작품들을 썼습니다. 졸라는 소설가로서의 자신의 명예와 심지어는 목숨마저도 걸어야 하는 결단을 내린 거예요. 칼럼에는 다음과 같은 말이 나옵니다.

"맹세코 드레퓌스는 무죄입니다. 그의 무죄에 저의 인생과 명예를 걸겠

'나는 고발한다'라는 제목의
칼럼이 실린 <로로르>지.

습니다. 이 엄중한 시간에 인류의 정의를 대표하는 재판부와 국가의 광

명인 배심원과 프랑스와 세계 앞에서 드레퓌스의 무죄를 확언합니다.

그리고 40년간 저의 활동과 그 권위를 걸고 드레퓌스의 무죄를 확언합

니다. 또 제가 이루어 낸 모든 업적과 명성과 프랑스 문학의 발전에 기여

한 저의 작품들을 걸고서 드레퓌스의 무죄를 확언합니다."

드레퓌스의 무죄를 주장하고 프랑스 정부의 반유대주의 그리고

재판의 부당함을 지적한 칼럼은 국민들의 마음을 움직여요. 재심에

대한 여론이 일어나기 시작합니다. 그러나 반유대파이자 반드레퓌

스파 세력은 이를 국가의 정의를 침해하는 행위로 몰아가요. 흥분한 군중은 에밀 졸라의 초상을 불태우고, 유대인에게 테러를 가해요. 이런 상황에서 에밀 졸라의 형사 재판이 열립니다. 재판부는 징역 1년과 3000프랑의 벌금을 선고하고, 에밀 졸라는 망명을 떠나게 됩니다. 그러나 목숨을 건 에밀 졸라의 투쟁은 많은 지식인과 학생들을 움직여 드레퓌스의 재심이 받아들여집니다.

재심에서 사건의 실체가 드러나지만 군사 법원은 드레퓌스에게 징역 10년 형을 선고합니다. 얼마 뒤 프랑스 정부는 드레퓌스를 사면합니다.

그러나 드레퓌스는 사면을 거부하고 1900년 11월 다시 재심을 요청합니다. 이때 진범에 대한 증거가 제시되고, 증인들은 법정에서 진실을 말해요. 1906년 드레퓌스에게 결국 무죄가 선고되고, 군인으로 복직합니다.

드레퓌스 재판은 국가의 폭력, 그리고 다수의 폭력에 대해 다시 한 번 생각하는 계기가 되었어요. 프랑스가 종교와 인종이 다르더라도 서로 포용하고 견해를 존중하면서, 다양성을 인정하는 사회로 가는 계기가 됩니다. 엄청난 갈등과 폭력과 고통을 경험하면서, 진정한 공화국의 길을 열게 되었어요.

우리 역사에도 비슷한 사례가 있습니다. 이른바 '유서 대필 조작 사건'이 바로 그것이에요. 언론과 권력 기관이 합세해 민주화 운동에 찬물을 끼얹은 사건입니다. 1987년 6월 민주 항쟁이 있었어요.

당시 전국적인 반독재 민주화 투쟁이 일어납니다. 그 결과 대통령 직선제가 도입되었지만, 또다시 군부 쿠데타의 주인공이 대통령에 당선되고 말아요. 이후로 민주 세력에 대한 정권의 탄압은 계속됩니다.

1991년 명지대 강경대 학생이 시위 중 경찰의 구타로 사망하자 전국적으로 항의 시위가 격렬하게 일어납니다. 당시 정권에 저항하며 분신한 김기설 씨가 유서를 남겼는데, 검찰은 이 유서를 강기훈 씨가 대필했다며 그를 자살 방조죄로 기소합니다.

이후 도덕성에 치명타를 맞은 민주 세력은 위기를 맞고 강기훈 씨는 억울한 옥살이를 합니다. 부도덕한 정권이 검찰을 이용해 민주화 운동 세력에게 자살을 권유하고 유서까지 대필해 준다는 오명을 씌운 거예요.

그러나 드레퓌스 사건에서처럼 진실은 다시 우리 앞에 그 모습을 나타냅니다. 2007년 '진실·화해를 위한 과거사 정리 위원회'가 국과수에 유서의 필적 감정을 재의뢰했는데, 당시의 감정 결과가 사실이 아니라는 것이 밝혀져요. 결국 재심이 열리고 강기훈 씨는 사건 발생 24년 만인 2015년에 무죄 판결을 받습니다.

강기훈은 무죄 선고를 받고 방송사 인터뷰에서 이렇게 말해요.

"과거 사법부가 잘못된 판결을 한 것을 바로잡는 자리에 앉아 있었다. … 당시 사법부 관계자들이 미안하다고 한마디 정도 해줬으면 하는 바람이 있다. … 그 말을 구걸하고 싶지는 않다."

강기훈에게는 기나긴 고통의 24년이었어요. 그의 부모님은 아들의 명예 회복을 보지도 못한 채 돌아가셨습니다. 무엇보다 안타까운 것은 가해자들이 아무런 처벌도 받지 않았다는 점입니다. 당시 사건을 맡아 고문하고 사건을 조작했던 이들은 한마디 사과도 없었어요.

우리 사회의 정의가 실현되려면 다른 사람의 생명과 자유를 아무렇지도 않게 짓밟는 행위에 대한 명백한 처벌이 있어야 해요. 그래야 이런 일이 두 번 다시 반복되지 않을 거예요. 경찰과 검찰이 고문으로 없는 죄를 만들어 내거나, 법관이 잘못 판단하는 일을 막아야 합니다. 제2의 강기훈, 제2의 드레퓌스는 없어야 해요.

악법도 법이니까
지켜야 할까요?

여러분은 '준법'이란 말을 알고 있을 거예요. 준법은 법을 지킨다는 뜻이죠. 자신과 타인의 권리를 지키고 사회를 평화롭게 유지하기 위해서는 준법을 잘해야 합니다. 단, 조건이 있어요. 준법은 국민이 정당성을 부여한 법만을 대상으로 합니다. 흔히 오해하듯 악법까지 지킨다는 뜻은 아니에요.

우리나라에서는 그동안 악법도 법이기 때문에 지켜야 한다는 주장을 학생들에게 주입시켜 왔어요. 교과서에서 소크라테스가 악법도 법이라고 하면서 독배를 마시고 기꺼이 죽었다고 설명했었죠. 지혜로운 철학자 소크라테스도 악법을 인정했으니 국민도 악법을 잘 지키라며 국민을 세뇌해 온 거예요.

하지만 이는 사실이 아닙니다. 역사적으로 그런 말을 했다는 기록이 없어요. 오히려 소크라테스는 "부당한 법적 명령에 불복하겠다"(『소크라테스의 변론』, 플라톤)고 해요.

그렇다면 이런 가짜 논리로 누가 가장 많은 혜택과 이득을 얻었을까요. 바로 총칼로 권력을 잡은 그 당시 독재 정권입니다. 법질서를 어지럽히며 탄생한 정권이 "악법도 법"이라는 궤변을 만들어 자신들의 악행을 정당화하고 국민을 길들인 거예요. 학생 시절부터 불합리한 일에 저항하지 말고 말 잘 듣는 사람이 되라는 노예적 교육을 강요한 거예요.

헌법재판소는 2004년 현행 사회 교과서에 오류가 많다고 하면서 교육인적자원부에 수정 보완을 요청합니다. 그 이유로 "중학교 사회 교과서에 소크라테스의 사례가 등장하는 것은 기본권의 양보를 요구하고, 헌법과 기본권을 제대로 가르치지 않았던 과거 권위주의 정권 시절에 뿌리를 두고 있다"라는 점을 들어요.

민주화된 시대에 역행하는 논리를 그냥 두고 볼 수 없었던 겁니다. 특히 헌법재판소는 악법도 법이라는 논리가 기본권의 양보를 요구하는 반헌법적인 오류라고 판단했어요.

이런 사례는 또 있습니다. 현대 사회에 매를 때리는 곤장형이 아직도 있다는 것이 믿어지나요? 그런 나라가 있다는 것도 충격적인데 과거 우리나라 교과서에서 이를 두둔했습니다.

한 미국 학생이 싱가포르에서 공공기물을 파손한 죄로 곤장형을 맞은 일이 있었어요. 이걸 "예외 없는 법 집행"의 사례로 학생들에게 가르친 거예요. 헌법재판소에서는 이 역시 적절하지 않다고 지적했습니다. 우리나라의 법은 곤장형을 인간의 존엄성과 신체의 자유를 침해하는 반인권적 형벌로 보아 금지하고 있습니다.

법이 그 목적과 기능을 다 하려면 스스로 정당해야 합니다. 그런 의미에서 악법은 법이 아니에요. 악법은 독재자나 이를 이용하려는 사람들에게만 유리하기 때문입니다. 자신들의 권력을 강화하고 국민을 탄압하기 위해, 정당성 없이 마음대로 만든 법은 그 목적과 기능을 이미 상실한 거예요.

악법은 우리의 힘으로 개정하거나 폐지해야 합니다. 법이라고 해서 맹목적으로 따라서는 안 됩니다. 정당성을 따져보고 국민을 위한 법인지 살펴보아야 해요. 악법을 예방하는 것도 중요합니다. 우리 사회 공동체가 다 함께 행복할 수 있도록 좋은 법을 만들어야 합니다.

6장

헌법이 지켜 주는 소중한 권리

1 우리 헌법의 기본 원리

헌법이란 무엇이고 우리에게 어떤 의미일까요? 헌법은 법전에서만 존재하는 것일까요? 아닙니다. 헌법은 우리와 함께 살아 숨 쉬고 있어요. 우리가 꿈꾸는 세상은 헌법을 통해 구체적으로 실현될 수 있어요.

헌법은 우리에게 과거이고 현재이며 미래입니다. 헌법 전문에서는 우리 대한민국과 헌법의 역사를 이야기하고 있어요. 헌법을 읽다 보면 우리가 어떤 정신으로 어떻게 살아야 하는지 알려 줍니다.

헌법 정신의 출발점은 국민입니다. 독재 권력을 물리치고 민주주의를 이룬 것은 바로 국민이었습니다. 우리 국민은 나라가 위기에 처할 때마다 거리로 광장으로 나와 새로운 희망을 만들었어요. 그리고 이는 고스란히 우리 헌법에 담겼습니다. 가장 최근에 이루어진 헌법 개정은 1987년에 이루어졌습니다.

1987년 6월 민주 항쟁은 군사 독재를 무너뜨리고 대통령 직선제를 쟁취합니다. 당시 대통령을 국민의 손으로 직접 뽑을 수 없었어요. 민주주의를 외치는 학생들을 탄압하고자 대학교 안까지 공권력이 투입되었습니다. 군사 정권은 물리력으로 국민을 억압하고 통제했어요. 고문과 감시 등 공권력을 무자비하게 사용하면서, 국민의 죽음조차도 아랑곳하지 않았습니다.

군사 독재 정권은 대통령 직선제를 요구하는 국민의 목소리를 무시했어요. 그들은 단호하게 당시의 헌법을 유지하겠다고 했어요. 즉 대통령 직선제를 받아들이지 않겠다는 뜻이었지요. 분노한 국민이 거리로 뛰쳐나왔어요.

민주주의를 외치면 쥐도 새도 모르게 끌려가 박종철 열사처럼 주검으로 돌아와야 했던 시기에, 시민들은 모여 하나의 목소리로 "호헌철폐 독재타도"를 외쳤어요. 그리고 승리했답니다.

그 결실이 바로 제9차 개헌입니다. 이제는 국민이 직접 대통령을 뽑는 대한민국이 된 거예요.

우리는 헌법 전문에 쓰인 역사를 기억해야 합니다. 1919년 일본 제국주의에 항거해 3·1운동을 일으켰고, 1960년 4·19 정신으로 이승만 정권의 독재에 저항했어요. 이후 1987년 6·10 민주 항쟁에 이르기까지 헌법의 주인공은 바로 우리 국민이었어요. 대한민국 국

서울시청 앞에서 대통령 직선제를 요구하는 시민들(1987년). ⓒ서울 사진아카이브

민은 늘 깨어 일어나 대한민국의 역사를 민주주의와 정의의 이름으로 바로 세웠어요.

헌법은 모든 법의 왕이라고 합니다. 최고의 법이기 때문에, 민법이나 형법 등 모든 법은 헌법을 바탕으로 만들어졌어요. 헌법에 위반되면 당연히 고쳐야 합니다.

헌법은 우리나라가 어떤 나라여야 하는지, 국민이 어떤 권리가 있고 어떤 의무가 있는지를 확고히 하고 있어요. 가장 중요한 권리인 기본권과 이를 보장하는 국가 운영의 원리도 명시하고 있습니다. 그런 의미에서 헌법은 국가의 기본법이라고 할 수 있습니다.

대한민국 헌법의 기본 원리는 무엇일까요? 크게 여섯 가지로 나누어 살펴볼 수 있어요.

첫째로 국민 주권입니다. 국가의 주인은 국민이에요. 국가의 의사를 결정하는 권리가 국민에게 있습니다. 국민의 권리는 다양한 방식으로 보장됩니다. 우선 대통령 직선제 개헌에서도 알 수 있듯이, 민주적인 선거 제도를 규정함으로써 국민의 참정권을 보장해요.

여러 정당이 정치 행위를 할 수 있도록 보장하는 복수 정당제와 언론·출판·집회·결사의 자유를 확고히 하는 것도 국민 주권과 관련이 있습니다. 국민이 자유롭게 정치적 입장을 가질 수 있게 해요.

둘째로 자유 민주주의의 원리예요. 대한민국은 개인의 자유를 보장하고 민주주의를 지향합니다. 민주주의는 '국민의, 국민에 의한, 국민을 위한' 원리로 운영됩니다. 국민의 다양한 생각을 존중해요. 서로 다른 생각을 억압하지 않고, 대화와 다수결의 절차를 통해 조절해 나가요. 이를 통해 모두가 자유롭게 자신의 권리를 행사하며 나라의 주인으로 살아갈 수 있어요.

셋째로 복지 국가의 원리예요. 국민에게 인간다운 생활을 할 수 있도록 국가가 적극적으로 역할을 해야 합니다. 급식 문제부터 최저 임금 문제, 사회 복지 등에 뒷짐 지고 나 몰라라 해서는 안 돼요. 국가가 국민의 인간다운 생활을 할 권리를 외면한다면 헌법을 위반하는 거예요.

넷째로 국제 평화주의의 원리예요. 국제 질서를 존중하고 세계 평화 그리고 인류 공동체의 번영을 위해 노력해야 합니다.

10대와 통하는 법과 재판 이야기

다섯째로 평화 통일을 지향해요. 우리 헌법은 전쟁을 통해 통일을 이루는 것이 아니라, 평화적인 방법으로 통일하겠다는 의지를 담고 있어요. 따라서 대통령에게 조국의 평화 통일을 위해 노력할 의무를 부여하고 있어요. 평화 통일 정책도 만들어야 하고 남북 교류 협력도 추진해야 해요.

여섯째로 대한민국 헌법은 문화 국가의 원리를 담고 있어요. 문화의 자율성을 인정하고 문화를 발전시켜 나가야 해요.

이러한 대한민국 헌법의 기본 원리는 국회 입법 활동에도 기본 방향을 제시합니다.

2 존엄하고 행복하며 자유로울 권리

헌법 제10조는 "모든 국민은 인간으로서의 존엄과 가치를 가지며, 행복을 추구할 권리를 가진다. 국가는 개인이 가지는 불가침의 기본적 인권을 확인하고 이를 보장할 의무를 진다"고 밝히고 있습니다.

인간의 존엄과 가치는 우리 헌법의 최고의 가치이자 원리입니다. 인간의 존엄성이란 무엇일까요? 인간은 이성적 존재이고, 존재 그 자체로 누구도 침해할 수 없는 고유한 가치를 가지고 있어요. 인간은 수단이 아니라 그 자체로 목적이에요. 그러므로 너무나 존귀하고 존엄하답니다. 최고의 가치인 인간의 존엄성이 침해되는 일이 없도록 하는 것은 중요한 국가의 의무입니다. 이를 다하지 못하면,

10대와 통하는 법과 재판 이야기

국가라 하더라도 피고로서 국민에게 배상해야 하죠.

예를 들어 보겠습니다. 2014년 우리나라 국민을 모두 놀라게 한 '염전 노예 사건'이 있었어요. 염전에서 일하던 사람들을 노예처럼 취급하며 인권을 유린한 사건이었어요. 이 사건에 대해 법원은 헌법재판소 결정을 인용해서, "헌법 제10조에 따라 대한민국은 개인이 가지는 불가침의 기본적인 인권을 확인하고 이를 보장할 의무를 진다"고 했어요.

'염전 노예'들은 폭행과 폭언을 수시로 당하고, 임금은 받지도 못하며, 죽음의 공포와 두려움 속에서 살았어요. 이에 대해 국가가 배상해야 한다는 판결이었어요. 국가가 아닌 개인이 가해자라 하더라도, 국민을 보호할 적극적인 의무를 가진 국가가 책임을 져야 함을 분명히 했어요.

> "피고 대한민국은 원고에 대하여 불법 행위로 인한 위자료 지급 책임을 부담한다." (서울중앙지방법원 판결문)

그리고 우리 헌법은 공동체 구성원 모두가 행복을 추구할 권리가 있음을 밝히고 있어요. 우리는 헌법에 따라 행복을 가로막는 장애물을 제거하고, 행복을 가져올 수 있는 시스템을 만들 수 있어요.

행복 추구권은 국가의 간섭을 배제하고, 개성의 자유로운 발현과 일반적인 행동을 자유롭게 하는 것을 말해요. 이는 일일이 법에 규정하고 있지 않더라도 폭넓게 보장되는 권리예요. 일례로 헌법재판소는 "휴식권은 헌법상 명문의 규정은 없으나 포괄적 기본권인 행복 추구권의 한 내용으로 볼 수 있을 것이다"라고 판결한 바 있어요 (2000헌마159, 2001. 9. 27). 인간의 행복이 실현되기 위한 중요 요소 중의 하나로, 휴식을 행복 추구권의 한 내용이라 보고 있어요.

장애인의 행복 추구권과 평등권도 최근 주목을 받고 있습니다. 사회 구성원이라면 누구나 행복해질 권리가 있습니다. 이를 가로막는 잘못된 관행이나 제도가 있다면, 바로잡는 일이 바로 행복 추구권의 실현이랍니다.

『해리포터』는 영화로도 잘 알려진 베스트셀러입니다. 그런데 이 책이 미국 학교에서 금서 논의가 끊이지 않는다는 사실을 아시나요? 이유는 마법과 악령, 주술을 이야기하기 때문이래요. 역사적으로 이와 같은 일은 계속되었습니다. 검열과 금서로 인간의 상상력을 억압하려는 시도가 끊이지 않았죠.

음악도 다를 바가 없어요. 제가 대학생 때는 쇼스타코비치의 음악을 들을 수 없었어요. 금지곡으로 지정되었거든요. 할 수 없이 몰래 구해서 들어야 했죠. 영화음악으로도 자주 쓰이는 '왈츠 2번'으로도 유명한 쇼스타코비치는 세계인에게 사랑받는 작곡가입니다. 이런 음악을 마음대로 들을 수 없었던 시대가 있었다는 사실이 놀랍지 않나요?

자유권에 대해 살펴볼까요? 자유권은 그 종류가 많고 다양해요.

신체의 자유에서부터 시작해 경제생활의 자유까지 많은 자유가 헌법에 명시되어 있어요. 신체의 자유가 있기에 국가는 함부로 사람을 체포하거나 구속할 수 없습니다.

정신적 활동에 대한 자유를 살펴보면 양심, 종교, 학문, 예술에 대한 자유, 언론 출판의 자유 등이 있어요. 다른 것은 알겠는데 양심은 너무 막연하게 느껴질 거예요. 헌법재판소는 양심을 '마음의 소리'라고 하고 있어요. "그렇게 하지 않고는 자신의 인격적 존재 자체가 허물어지는" 그런 마음의 소리를 양심이라고 했습니다.

지금은 학문과 예술의 자유, 내가 읽고 싶은 책을 읽을 수 있는 자유, 듣고 싶은 음악을 듣고, 가고 싶은 곳에 가는 것이 너무나 당연한 일입니다. 그러나 이는 오랜 역사 속에서 인류가 목숨을 걸고 싸워서 쟁취한 것들이에요.

자유권은 부당하게 국가로부터 자유를 침해당하지 않을 권리예요. 소극적이며 방어적인 성격으로, 국가의 행위로부터 시민들을 보호하기 위해서 만들어졌습니다. 그만큼 가장 기본적인 권리라고 할 수 있어요. 특히 독재 국가에서 민주주의가 짓밟힐 때 가장 먼저 위협받는 것이 자유권입니다.

독재 국가는 신체의 자유, 사생활 비밀의 자유, 양심의 자유, 학문·예술의 자유, 표현의 자유를 억압함으로써 권력을 강화합니다. 특히 우리나라는 1970, 1980년대 군사 독재 시절 사람들이 영장도 없이 체포되고 정보기관에 끌려가고 고문을 당했어요. 의문사로 사

박종철 열사가 1987년 1월 14일 고문으로 사망한 남영동 대공분실 509호실
ⓒ최상천

10대와 통하는 법과 재판 이야기

망한 학생들도 많았습니다.

　독재 정권에 저항하다 끌려가면 물고문, 전기고문으로 사망하고 불구가 되었어요. 신체의 자유는 유린되고 말살되었습니다. 인간의 존엄과 가치는 신체의 자유를 보장받아야 실현될 수 있어요. 우리는 독재 정권에 저항하고 승리함으로써, 빼앗긴 신체의 자유를 되찾을 수 있었답니다.

　지금까지 자유권에 대해 말씀드렸는데, 만약 이런 자유 중 하나라도 억압당한다고 생각해 보세요. 우리의 삶은 고통에 빠지고 장래는 어두워질 거예요. 자유권은 우리가 반드시 지키고 누려야 할 권리입니다.

3 평등하고 정치에 참여하며 사람답게 살 권리

헌법에 담긴 국민 기본권인 평등권, 참정권, 사회권에 대해 살펴보겠습니다.

헌법 제11조 1항

모든 국민은 법 앞에 평등하다. 누구든지 성별·종교 또는 사회적 신분에 의하여 정치적·경제적·사회적·문화적 생활의 모든 영역에 있어서 차별을 받지 아니한다.

평등권은 모든 국민이 법 앞에 평등하다는 기본입니다. 그런데 정말 그럴까요? 차별받는 현실에서 평등을 실현하려면 어떻게 해야 할까요? 사람은 환경, 부모, 외모, 성별이 저마다 다르게 태어납니다. 그런데 내가 선택하지 않는 이런 조건에 의해 차별받고 내 삶이 결정된다면 평등하다고 할 수 있을까요?

'금수저'와 '흙수저'로 나누어진 사회는 평등한 사회가 아니죠. 그래서 사람들은 '기회의 평등'을 생각해 냈습니다. 다른 조건에서 태어나도 기회는 똑같이 주자는 거예요. 하지만 이러한 '기회의 평등'도 한계가 있었습니다. 기회를 똑같이 주어도 평등해지지 않았어요. 그래서 현대에는 결과의 평등을 지향해요. 형식적으로 평등한 게 아니라 실질적으로, 결과적으로 평등해야 합니다.

평등은 차별받지 않는 것입니다. 비슷한 개념인 차이와 구분해야 해요. 차이란 다름입니다. 다르다는 것이 틀린 것이거나 잘못된 것일까요? 당연히 그렇지 않습니다. 우리는 서로 다르게 태어나요. 다른 환경에서 성장합니다. 그렇다고 해서 어느 한쪽이 잘못되거나 틀렸다고 할 수 없어요. 그렇듯 차이는 우열을 나타내는 말이 아닙니다. 그냥 다를 뿐이에요. 그래서 다르다는 이유로 차별하는 것은 부당해요.

태어난 성별이 다르다는 이유로 차별한다거나, 태어나거나 자란 지역이 다르다고 차별을 하거나, 출신 학교가 다르다고 차별을 한다면, 이런 사회는 조화롭고 아름답게 성장할 수 없습니다. 무엇보다 이는 헌법상 기본권인 평등권을 침해하는 행위예요.

우리 헌법에는 성별, 종교, 사회적 신분에 의한 차별 중 특히 성차별을 가장 먼저 언급합니다. 그 이유는 역사적으로 가장 오래된 차별이기 때문이에요.

평등사상이 싹텄던 근대를 살펴볼까요? 계몽주의를 주창한 철학자 루소는 여성에게는 인권이 없기에 교육을 시킬 필요가 없고, 정치에 참여시켜서도 안 된다는 심각한 차별적 인식을 했습니다.

이런 인식 속에서 남녀평등은 불가능했죠. 이런 상황에서 여성들의 저항이 거세집니다. 메리 울스턴크래프트라는 영국 작가는 여성의 권리를 옹호합니다. 여성에게도 영혼이 있고 여성도 교육을 받게 하라고 말해요. 이런 주장은 당시 목숨을 건 투쟁이었어요. 비슷한 주장을 한 프랑스의 올랭프 드 구즈 같은 분은 단두대에 올라 처형을 당해요. 당시 차별에 맞서 싸운 여성들은 위험을 무릅쓰며 엄청난 사회적 비난을 당했어요. 이런 투쟁을 거쳐 이제는 대부분 나라에서 여성에 대한 차별을 법으로 금지하게 됩니다. 남녀 평등의 정신이 헌법에 담기게 되지요. 그러나 한계도 있습니다. 형식적인 차별 금지가 실질적 평등을 보장하기 어렵다는 사실을 알게 되었기 때문입니다.

예를 들어 다리가 불편한 장애인과 비장애인이 달리기 시합을 합니다. 출발점도 같고 결승점도 같아요. 이런 규칙을 적용해서 이긴 사람만 취업의 기회를 준다면 장애인은 헌법에 보장된 '근로의 권리'를 누릴 수 있을까요?

두 명의 학생이 있어요. 한 학생은 소녀 가장이에요. 부모님이 돌

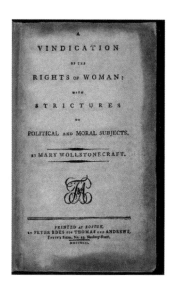

메리 울스턴크래프트가 쓴
『여성의 권리 옹호』 표지(1792년).

아가시고 어려운 처지에 동생들을 보살피며 학교에 다녀요. 다른 학생은 부모님의 따뜻한 보살핌으로 부족함이 없이 생활합니다. 두 학생이 시험을 봤는데 소녀 가장인 학생의 내신 점수가 다른 학생보다 떨어진다면 이를 두고 능력이나 노력이 부족했다고, 그러니 소녀 가장 학생이 대학에 가지 못하는 것이 당연하다고 말할 수 있을까요?

두 경우 모두 우리의 대답은 '그렇지 않다'입니다. 달리기 시합이나 학력 평가는 겉으로는 평등한 기회를 주는 장치처럼 보이지만 그 안에 커다란 불평등이 있어요. 현대의 법은 이런 결과적 불평등을 어떻게 해결할까 고민해요. 문제가 있다면 당연히 해결책을 만들어야 하겠죠. 그래서 나온 것이 '적극적 평등' 개념이고 이를 위한 조치가 바로 '합리적 차별'입니다. 예컨대 장애인이나 사회적 약자에게는 직업 할당제를 도입해 취업에 우선권을 주는 거예요.

적극적 평등 실현 조치인 할당제의 특징은 불평등이 해소되면 중단한다는 거예요. 한시적으로 시행하고, 불평등 요인이 없어지면 소멸합니다. 이런 장치에 대해 역차별이라고 주장하는 사람도 있습니다. 하지만 조금만 더 생각해 보면 헌법에서의 평등권을 적극적으로 실현하기 위한 방안이라는 것을 잘 알 수 있어요.

참정권은 정치적 기본권입니다. 모든 권력이 국민에게서 나오고 이는 참정권으로 실현됩니다. 따라서 국가 권력은 국민의 생각이나 목소리를 존중해야 해요. 국민의 의사가 정치에 반영되어야 하는 이유입니다.

선거와 투표권은 국가의 구성원인 국민이 가지는 권리로서, 직접 민주주의와 간접 민주주의의 형태로 국가의사를 형성하는 과정에 참여해요. 국가 기관의 구성과 운영에 국민의 의지가 실현되는 참정권은, 민주주의 원리와 깊은 관련이 있어요.

군사 독재 정권 시대에는 이른바 '체육관 선거'를 통해 대통령이 선출되어, 국민의 의사가 반영되지 못했어요. 그래서 국민들이 독재 타도를 외치며 헌법 개정을 요구했고, 많은 사람의 희생을 거쳐 대통령 직선제를 헌법으로 쟁취했어요.

국민 투표권, 선거권, 공무 담임권, 정당의 자유가 참정권적 기본권에 속해요. 참정권은 국민의 권리이지 의무가 아니에요. 그러니까 투표를 강제할 수는 없지만, 역사적으로 참정권을 얻기 위한 희생과 노력을 생각한다면 소중한 권리를 꼭 실현해야 해요.

19세기 후반과 20세기 초반까지도 참정권은 남성에게만 있었습니다. 여성들은 정치에는 성별 구분이 없으며 여성이 참정권을 가지는 것이 정의를 실현하는 것이라고 주장했어요.

여성들의 참정권을 얻기 위한 노력은 지난하고 힘겨웠어요. 뉴질랜드는 1893년, 미국은 1920년, 영국은 1928년, 프랑스는 1944년에 여성에게 참정권을 주었어요. 스위스는 1971년에, 쿠웨이트는 2005년에, 사우디아라비아는 2015년에 여성들이 참정권을 얻게 되었답니다. 참정권은 민주주의를 실질적으로 실현하는 강력한 기본권입니다.

사회권은 우리 국민이 사회에서 인간답게 살 수 있도록 보장받는 기본적인 권리를 말합니다. 이를 살펴보려면 먼저 1950년 노벨 문학상을 받은 영국인 철학자 버트런드 러셀을 만나 봐야 해요. 러셀은 『게으름에 대한 찬양』에서 경제적 두려움에 대해 말해요.

당시 사람들은 경제적 두려움으로 밤에도 시달리고, 일할 때도 초조하고, 놀 때도 개운하지 않습니다. 모두가 열심히 살지만 불안하고 초조한 것은 그때의 영국이나 지금의 우리나라나 마찬가지인가 봐요. 러셀에게 이런 상황은 사회권을 생각하는 계기가 됩니다.

자본주의가 발달하면서 여러 사회적 문제가 발생하고 이를 해결하기 위해 국가의 적극적 역할이 요구되고 있습니다. 배고프고 잘 곳이 없고, 아파도 병원에 갈 수 없다면 인권이 실현될 수 없기 때문입니다.

현대 사회는 이런 문제들이 많습니다. 우리나라만 해도 청년 실업, 대학 입시, 내 집 마련, 고령화 문제 등이 심각하잖아요. 예전에는 실업을 개인의 문제로 치부했다면 이제는 결코 개인의 책임이 아니라는 것을 잘 알고 있어요.

시스템으로 법을 바꾸고 제도를 개선해야 한다는 것을 인식하기 시작했습니다. 이런 문제를 예전에는 개인이 해결했다면, 이제는 공동체가 함께 해결해야 합니다. 이것이 사회권의 출발이에요.

그렇다면 사회권에는 어떤 권리들이 있을까요. 헌법 제31조는 모든 국민은 능력에 따라 균등하게 교육을 받을 권리를 가진다고 하고 있어요. 이와 함께 노동자의 권리와 환경권, 인간다운 생활을 할 권리가 모두 사회권에 해당하죠.

인간다운 생활을 할 권리는 국가의 목표로서, 헌법 제34조에서는 국가는 사회 보장과 사회 복지의 증진을 위해 노력할 의무가 있다고 명시합니다. 사회적 약자와 생활 무능력자에 대한 국가의 보호 의무를 명확히 하고 있습니다.

헌법 제34조

① 모든 국민은 인간다운 생활을 할 권리를 가진다.

② 국가는 사회 보장·사회 복지의 증진에 노력할 의무를 진다.

10대와 통하는 법과 재판 이야기

③ 국가는 여자의 복지와 권익의 향상을 위하여 노력하여야 한다.

④ 국가는 노인과 청소년의 복지 향상을 위한 정책을 실시할 의무를 진다.

⑤ 신체장애자 및 질병·노령 기타의 사유로 생활 능력이 없는 국민은 법률이 정하는 바에 의하여 국가의 보호를 받는다.

⑥ 국가는 재해를 예방하고 그 위험으로부터 국민을 보호하기 위하여 노력하여야 한다.

4 사랑과 죽음을 스스로 결정할 권리

내 인생은 내가 결정한다는 자기 결정권은 국가가 명령하고 부모님이 나서서, 나 대신 결정하는 것을 거부하는 권리입니다. 물론 주위의 조언과 값진 경험들을 귀담아듣는 것은 필요하지만, 자신의 인생에 대해 스스로 고민하고 결정하는 참된 주인공이 되라는 거예요.

자기 결정권은 헌법상 보장된 권리예요. 직업 선택, 내가 사랑할 사람에 관한 결정, 나의 삶의 진로 등 자신이 자기 삶의 주인공으로 살 수 있는 권리입니다.

만약에 국가가 우리의 모든 삶을 결정한다면, 우리는 인간으로서의 존엄과 행복을 누릴 수 없을 거예요. 내가 내 인생의 주체로 우뚝

서는 일, 자기 결정권을 행사하고, 다른 사람의 자기 결정권을 인정해 주고 지켜 주는 것은 소중하고 아름다운 일입니다. 우리는 너무나 소중해요. 그러기에 우리는 자기 결정권을 가지고 있답니다.

'성적性的 자기 결정권'이라는 말은 신문이나 뉴스를 통해서 학생들도 많이 접했을 거예요. 사람은 누구나 사랑을 합니다. 인간이 하는 사랑에 대한 모든 것을 섹슈얼리티라고 해요. 과거 여성의 섹슈얼리티는 남성의 시각에 의해 결정되었습니다. 하지만 오늘날 인식은 완전히 달라졌어요. 이와 관련한 판례를 한번 보겠습니다.

"개인의 인격권·행복 추구권은 개인의 자기 운명 결정권을 그 전제로 하고 있으며, 이 자기 운명 결정권에는 성적 자기 결정권 특히 혼인의 자유와 혼인에 있어서 상대방을 결정할 수 있는 자유가 포함되어 있다."

– 헌재 1997. 7. 16. 95헌가6 등, 판례집 9-2, 1 [전원재판부]

헌법재판소는 성적 자기 결정권은 내 운명은 내가 결정한다는 자기 운명 결정권의 전제로, 사랑할 상대방을 결정하고 선택할 자유를 인정하고 있어요. 너무도 당연한 결정 같지만 그동안 이런 권리가 제대로 보장받지 못한 것이 사실입니다. 2015년 간통죄가 폐지되기 전까지 국가는 개인의 결정에 개입하고 성과 사랑을 통제했어요.

우리의 성과 사랑은 소중하고 아름다워요. 성적 자기 결정권은 성적인 폭력이나 간섭으로부터 우리를 지켜 내고, 우리의 사랑을 더욱 가치 있게 할 거예요.

스스로 결정해야 할 것이 또 하나 있어요. 바로 죽음입니다. 사람은 누구나 태어나서 늙고 병들고 죽는 과정을 거칩니다. 특히 죽음은 예외 없이 모두가 마주칠 운명이에요. 그런데 여기에도 권리가 있습니다. 1997년 법적으로 죽음을 어떻게 바라볼 것인가에 대한 인식 전환을 알리는 중요한 사건이 일어납니다.

어느 날 술에 취해 화장실을 가던 남성이 바닥에 쓰러져 머리를 다쳤습니다. 그는 병원으로 응급 후송된 후 중환자실에서 치료를 받아요. 이 남성은 17년간 무위도식하며 술만 마시고 가족을 구타해 온 가장이었습니다. 그런데 병원에 입원하면서 가족들이 엄청난 치료비를 감당해야 하는 상황이 된 거예요. 인공호흡기로 연명하고 있지만 사실상 회생 가망이 없는 상황이었습니다. 경제적 부담을 견딜 수 없었던 아내는 병원에 사정하여 인공호흡기를 제거한 후 퇴원합니다. 남성은 호흡 곤란으로 사망하죠. 이후 아내는 살인죄로, 주치의와 레지던트는 살인 방조죄로 기소되어 유죄 확정 판결을 받습니다.

이후 의료계의 관행이 바뀌어요. 그전에는 회생 가망이 없는 환자는 집으로 가서 임종을 맞이할 수 있었지만, 이 사건 이후 병원들은 인공호흡기를 제거하거나 퇴원시키지 않게 되었어요. 그 결과 환자들은 대부분 병원에서 죽음을 맞이하게 되었어요. 의료 기술의 발달로 회생 가능성이 없는 사람도 연명 치료가 가능해지면서, 죽음에 대한 자기 결정권과 관련한 논의가 본격적으로 일어납니다.

2008년 병원에서 검사를 받던 할머니가 과다출혈로 심정지가 일어나 뇌 손상을 입고 중환자실에 입원하게 되었습니다. 자녀들은 평소 할머니가 무의미한 생명 연장을 거부하고, 자연스럽게 죽고 싶다고 말씀하셨다며 병원에 연명 치료 중단을 요구했어요. 그런데 의사들은 거부했지요. 연명 치료를 중단하면 의사의 생명 보호 의무에 반하고, 형법상 살인죄나 살인 방조죄로 처벌받을 수 있다는 것이 이유였습니다. 그러나 이번에는 법의 판단이 달랐어요.

헌법재판소에서는 할머니 사건의 경우 연명 치료를 중단하는 결정과 실행이 생명을 단축한다고 하더라도 자살이라고 할 수 없고 오히려 자신의 생명을 자연적인 상태에 맡기는 것으로 인간의 존엄과 가치에 부합한다고 했습니다.

"환자가 장차 죽음에 임박한 상태에 이를 경우에 대비하여 미리 의료인 등에게 연명 치료 거부 또는 중단에 관한 의사를 밝히는 등의 방법으로 죽음에 임박한 상태에서 인간으로서의 존엄과 가치를 지키기 위하여 연명 치료의 거부 또는 중단을 결정할 수 있다 할 것이고, 위 결정은 헌법상 기본권인 자기 결정권의 한 내용으로서 보장된다 할 것이다."

– 헌재 2009. 11. 26. 2008헌마385, 판례집 21-2하, 647 [각하]

인간의 존엄과 가치는 죽음의 순간, 생이 끝나는 마지막까지 존중되어야 해요. 원하지 않는 생명 연장은 인간의 품위를 저하시킬 수 있어요. 생명권은 누구에게도 양도할 수 없는 우리의 권리예요. 죽음에 대한 자기 결정권은 생명권과 밀접한 연관을 가지고, 앞으로도 의료 기술의 발달과 함께 더 많은 논의가 이루어질 것입니다.

5 헌법을 지키는 헌법재판소

우리나라는 헌법 국가예요. 강력한 정치 권력도 헌법이 하는 말을 잘 들어야 해요. 그런데 누가 헌법을 어겼는지 아닌지는 어떻게 알 수 있을까요? 헌법을 심사 기준으로 해서 위헌 여부를 결정하는 곳이 헌법재판소입니다. 헌법재판소는 민주주의를 지키려는 국민의 의지로 생겨날 수 있었어요. 1987년 6월 항쟁의 산물입니다.

1987년 당시는 군사 독재 정권이 국민의 기본권을 유린하고, 권력 유지를 위해서라면 국민의 생명마저도 마음대로 짓밟던 시절이었어요. 마침내 국민이 들고일어나 독재 정권을 무너뜨리고 대통령 직선제를 쟁취합니다. 그 후 기본권이 유린될 때 어떻게 해야 하는가, 그리고 민주주의를 지키기 위해서 어떻게 해야 하는지 고민하게 됩니다. 그렇게 해서 찾은 답이 바로 헌법재판소였습니다.

그래서 1988년 헌법 개정을 통해 역사적인 헌법재판소가 출범합니다. 헌법재판소는 입법부가 만든 법률이 헌법을 위반하는지, 그리고 행정부와 사법부의 공권력 남용이 있는지를 심판하는 기관이에요.

헌법재판소의 역사는 대한민국 민주주의의 역사라고 할 수 있어요. 그만큼 국민의 헌법 수호 의지가 결집되어 있습니다. 이후 헌법재판소는 중요한 결정들을 내리면서 국민 속에 자리 잡았어요. 민주주의에 대한 열망과 헌법적 기본권에 대한 굳은 의지가 헌법재판소를 통해 실현될 수 있었습니다.

헌법재판소의 재판은 다른 재판과는 달리 재판의 효력이 매우 크고 광범위해요. 일반 재판은 재판 당사자에게 영향을 주는 것이라면, 헌법재판소의 재판은 다수의 국민에게 영향을 미치며 국가기관에도 효력을 가집니다. 그래서 정치적 성격이 강할 수밖에 없어요.

헌법재판소법 제6조(재판관의 임명)

① 재판관은 대통령이 임명한다. 이 경우 재판관 중 3명은 국회에서 선출하는 사람을, 3명은 대법원장이 지명하는 사람을 임명한다.

헌법재판소의 재판관은 모두 아홉 명이에요. 아홉 명의 재판관을 대통령이 임명하지만 그중 세 명은 국회에서 선출하는 사람을, 세 명은 대법원장이 지명하는 사람을 임명해야 해요. 임기 중 재판관이 결원이 된 경우에는 30일 이내에 후임자를 임명하게 되어 있어요.

그리고 헌법재판소의 책임자가 헌법재판소장인데, 대통령이 헌법재판관 중 한 명을 지명해요. 이후 국회에서 동의하는 절차를 거쳐 정식으로 임명됩니다.

헌법재판소법 제9조(재판관의 정치 관여 금지)
재판관은 정당에 가입하거나 정치에 관여할 수 없다.

재판관은 정당 활동이나 정치 활동을 하지 못해요. 재판관은 오로지 헌법에 따라 판단해야 합니다. 정치적 입장으로 판단해서는 안 되기에 정당 활동이나 정치 활동을 못 하게 되어 있어요. 임기는 6년이고 연임도 할 수 있어요. 법원의 판사와 달리 헌법재판소는 재판관이라고 불러요.

헌법재판소법에 의해 재판관은 헌법과 법률에 따라 독립하여 심판해요. 재판관의 정년은 70세이며, 재판관은 국회 또는 지방의회 의원이나 국회와 정부 또는 법원의 공무원 그리고 법인이나 단체 등의 고문을 할 수 없게 되어 있어요.

헌법재판소는 크게 다섯 가지의 중요한 권한을 가지고 있어요. 특히 우리가 기억해야 할 것은 헌법 소원 심판과 위헌 법률 심판이에요. 이 두 가지가 중요한 이유는 국민의 기본권과 가장 밀접하게 연관되어 있기 때문이에요. 탄핵 심판, 정당 해산 심판, 그리고 권한 쟁의 심판도 차례로 알아볼게요.

1. 헌법 소원 심판

헌법 소원 심판은 국민의 권리를 지키는 중요한 수단입니다. 헌법 재판소가 있기에 우리는 국가 권력이 국민의 기본권을 침해하거나 짓밟을 때 기본권을 달라고 애걸하지 않아요. 국가의 주인인 국민으로서 당당하게 헌법 소원 심판을 신청할 수 있습니다. 꼭 거창한 일만 해당하는 것이 아닙니다. 우리 일상과 관련한 많은 일이 헌법 소원 대상이에요.

예를 들면 자동차 좌석 안전띠와 관련한 헌법 소원이 있었어요. 청구인은 사생활 공간인 승용차 내부에서 좌석 안전띠를 의무적으로 매도록 하고 이를 어기면 범칙금을 내게 하는 것은, 사생활의 비밀과 자유 그리고 양심의 자유도 침해한다고 주장했어요. 또 안전띠를 매지 않아서 더 안전할 경우도 있기 때문에, 안전띠를 획일적으로 매게 하는 것은 개인의 생명을 보장하는 일도 아니라고 했어요. 그러나 2003년 이 청구는 기각됩니다.

헌법재판소는 "자동차 운전자에게 좌석 안전띠를 매도록 하고 이를 위반했을 때 범칙금을 납부하도록 통고하는 것은 교통사고로부터 국민의 생명 또는 신체에 대한 위험과 장애를 방지 제거하고 사회적 부담을 줄여 교통질서를 유지하고 사회 공동체의 상호 이익을 보호하는 공공복리를 위한 것"으로 보았어요.

이 사건은 개인이 일상과 관련하여 헌법재판소에 판단을 의뢰했다는 점에서 의의가 있습니다. 이러한 헌법 소원은 많을수록 좋아요. 그래야 국가 기관이 긴장합니다. 어떤 정책을 결정할 때 이것이 국민의 기본권을 해치지는 않는지 살필 수 있어요.

과거 군사 독재 정권 시절에는 국가가 개인의 삶에 일일이 끼어들어 규제했습니다. 경찰들이 가위를 들고 다니며 멀쩡한 회사원의 머리카락을 자르고, 자를 들고 다니며 치마 길이를 쟀어요. 이런 일에 익숙해지면 국민은 한순간 주인에서 노예로 전락할 수가 있어요. 그렇기에 우리는 주인의식을 가지고 공권력이 하는 일에 대해 명확히 판단해야 해요.

좌석 안전띠 헌법 소원만 해도 개인의 문제 제기에 경찰청장이 의견을 내고, 헌법재판소에서도 심도 있게 평의했어요. 우리 사회에서 다수의 합의에 의해 만들어진 법률이라고 하더라도, 그 법률이 헌법 정신을 구현하고 있는지를 돌아봐야 합니다.

2. 위헌 법률 심판

위헌 법률 심판에 대해서는 다음 세 가지를 기억하세요. 누가?-법원이, 무엇을?-법률을, 어떻게?-헌법재판소의 결정으로.

우리 헌법은 법률이 헌법에 위반되는지 여부가 재판의 전제가 된 경우에는, 법원은 헌법재판소에 제청하도록 하고 있어요. 그러면 헌법재판소에서 위헌 여부를 판정해, 그 결과에 따라 재판하도록 해요. 과거 동성동본 결혼 금지나 영화 검열제 같은 사례들이 있습니다.

3. 탄핵 심판

우리 국민은 탄핵 심판에 대한 경험이 있어요. 탄핵 제도는 정부의 고위직 또는 특수직 공무원의 위법한 행위에 대해 민주적인 절차로 응징하는 제도라고 볼 수 있어요. 국회는 대통령을 비롯한 국무총리, 장관, 헌법재판소 재판관 및 법관이 위법 행위를 하면 헌법재판소에 탄핵을 신청할 수 있는 탄핵 소추권을 가지고 있어요. 탄핵 소추권이 의결되면 헌법재판소가 심판합니다.

우리나라는 두 번의 대통령 탄핵 심판이 있었고, 그중 노무현 대통령은 탄핵당하지 않았고 박근혜 대통령은 헌법재판소의 결정에 의해 탄핵되었어요. 결론적으로 고위 공무원이 법을 위반하면 물러나게 하는 것이 탄핵 심판이에요.

4. 정당 해산 심판

헌법 제8조 제4항에서는 "정당의 목적이나 활동이 민주적 기본 질서에 위배될 때에는 정부는 헌법재판소에 그 해산을 제소할 수 있고, 정당은 헌법재판소의 심판에 의하여 해산된다"고 규정하고 있어요.

정당 해산 심판에 대한 권한을 헌법재판소가 가지고 있는데, 이는 두 가지 목적이 있다고 볼 수 있어요. 하나는 위헌 정당, 즉 헌법을 위반하는 정당을 해산하는 거예요. 다른 하나는 정부가 자의적 판단으로 정당을 해산하는 것이 아닌 헌법재판소의 판단으로 해산할 수 있게 함으로써 정당을 보호하는 기능도 하게 됩니다.

5. 권한 쟁의 심판

권한 쟁의 심판은 국가 기관 사이의 다툼, 국가 기관과 지방 자치 단체의 다툼, 지방 자치 단체 간 다툼이 있을 때, 누구에게 권한이 있는지를 결정해 주는 심판이에요. 국가 기관 간 다툼은 국가 기능의 조화로운 발전을 가로막고 심하면 마비시킬 수 있기에 국민의 기본권에 영향을 미칠 수 있어요. 그래서 헌법재판소에 이러한 분쟁을 해결할 권한을 주었어요.

우리 이웃의 인권이
제대로 실현되고 있나요?

인권은 인간이기에 가지는 권리입니다. 2차 세계 대전이 끝나고 인류는 많은 고민을 했어요. 전쟁의 만행, 수많은 죄 없는 사람들의 죽음, 인간에 대한 고문과 생체 실험 등 생지옥을 겪으면서 깊은 성찰과 반성을 하게 되었습니다. 그 결과가 1948년 12월 국제 연합에서 채택한 세계 인권 선언이었어요. 그 내용을 잠깐 살펴보면 다음과 같습니다.

인간은 태어날 때부터 자유롭고 존엄하며, 평등합니다. 그렇기에 어떠한 차별도 허용되지 않아요. 구체적으로 2조에는 인종, 피부색, 언어, 성, 종교, 정치적 견해 등으로 차별받지 않아야 한다고 선언하고 있어요. 이러한 인식은 전 세계인들에게 깊은 영향을 주었어요. 우리나라는 각종 법률에 이러한 내용을 반영했습니다. 대통령 직속 기관인 국가인권위원회를 통해 구체적인 차별 금지 정책을 펼치고 있어요.

그렇다면 현실에서 인권의 보장은 어떻게 이루어질까요? 우선 과거보다 '인권의 보장'의 의미는 더욱 확대되었습니다. 다른 사람을 차별해서는 안 되며, 다른 사람의 인권을 침해해서는 안 된다는 소극적인 의미의 인권에서, 국가가 적극적으로 인권을 보장하고 인권의 보장을 위해 노력해야 합니다. 인권 의식의 대전환이 일어난 거예요. 그래서 국가는 장애인 인권, 여성 인권, 노동자 인권 등을 적극적으로 보장해야 해요.

그런데 정말 그런가요? 나와 가족, 우리 이웃의 인권이 제대로 실현되고 있나요?

예를 들어 의식주는 가장 중요한 인권입니다. 먹을 음식이 없어 굶는 것도 인권의 문제이지만, 추운 겨울에 옷이 없어서 여름옷을 입어야 한다면 이것도 심각한 인권 문제입니다. 이런 일들이 없도록 국가가 노력하고 있나요? 살 곳이 마땅치 않아 길거리나 지하실 같은 곳에서 사는 분들은 없나요? 유엔에서는 주거의 문제도 인권으로 봅니다. 이제는 우리 안에 인권의 문제를 다시 돌아보고, 인권이 보편적으로 실현되는 세상을 만들어야 해요.

인권을 침해당하면
어떻게 해야 하나요?

침묵은 인권 보장의 가장 큰 적입니다. 내 인권만 소중한 것이 아니라 다른 사람의 인권도 소중합니다. 서로 인권을 지켜줘야 해요. 다른 사람의 인권 유린에 눈감고 저항하지 않으면 결국은 나의 인권도 침해당하게 됩니다.

따라서 인권 침해가 일어나면 적극적으로 대응해야 합니다. 법원에 소송을 제기할 수 있고, 공권력에 의해 인권이 침해된 경우라면 헌법재판소에 헌법 소원을 할 수 있어요. 국가인권위원회에 상담이나 민원 그리고 진정을 할 수도 있습니다. 적극적인 대처만이 인권을 살아 숨 쉬게 합니다. 인권은 정당한 우리의 권리라는 것을 절대 잊지 말아야 합니다.

간단한 예를 볼까요? 국가인권위원회는 2015년, 2016년에 국가기술 자격시험과 공무원 선발 시험에서 화장실 이용을 제한하는 문제에 대해 인권 침해라는 판단을 내렸습니다. 생리적 욕구는 인간의 기본적인 욕구이기 때문에 헌법상 보호 가치가 더 크다고 했어요. 사소한 일 같지만 이런 화장실 사용도 인권 문제입니다. 이런 인권들이 하나하나 실현되어야, 인권이 강물처럼 흐르는 사회를 만들 수가 있답니다.

또 하나는 제자에게 언어폭력을 행사한 한 교수의 사건입니다.

지도 교수를 보러 간 학생에게 지도 교수가 "너는 불량품이야", "자퇴하고 공장 가서 일해"라는 식으로 말했고 학생은 결국 자퇴를 해요. 이후 학생 아버지가 국가인권위원회에 진정을 했어요. '진정'은 국민이 국가나 공공 기관에 시정을 요구하고 조치를 취해 줄 것을 요청하는 것이에요. 여기서 진정인은 피해자의 아버지이고, 피진정인은 지도 교수가 됩니다.

국가인권위원회는 피진정인의 이러한 발언이 고의는 아니었다 하더라도, 사용한 단어나 표현 수위 등을 고려할 때, 피해자에게 모욕감을 주기에 충분한 발언이며, 사회 통념상 수용하기 어려운 발언에 해당하는 것으로 보아 헌법 제10조에서 보호하는 피해자의 인격권을 침해했다고 판단했어요.

인권이 침해되었을 때 그냥 지나치고 넘어가면 안 됩니다. 바로 잡고 고쳐 나가려는 노력을 해야 하죠. 부모님, 친구, 나를 비롯해 모든 사람의 인권을 지키도록 함께 고민하고 노력해야 합니다.

부록

세계 각국의 헌법 제1조

1
민주 공화국을 명시한
대한민국 헌법 제1조

대한민국 헌법 제1조

① 대한민국은 민주 공화국이다.

② 대한민국의 주권은 국민에게 있고, 모든 권력은 국민으로부터 나온다.

헌법 제1조에서 말하는 대한민국이라는 우리나라 이름에 대해서 먼저 알아볼게요. '대한민국'은 중국 상해에서 활동했던 임시정부에서 처음 사용했어요. 구한말에 고종이 우리나라의 이름을 대한제국이라고 했는데, '대한'에 '제국' 대신 '민국'을 붙인 거예요.

대한제국일 때는 고종이나 순종 같은 황제가 통치했지만, '민국'이 되어 국민이 통치하는 나라가 된 거예요. 이렇게 대한민국이라는 이름은 나라의 주권이 누구에게 있는지를 보여 주고 있어요.

민주 공화국이란 무엇일까요. 공화국을 먼저 생각해 볼게요. 공화국은 'res publica'라는 라틴어에서 나온 말이에요. 로마의 정치가 키케로에 따르면 공화국은 자유롭고 평등한 시민이 공공의 이익을 실현하는 나라입니다.

오늘날 공공의 이익은 군주나 소수 귀족의 이익이 아닌 다수 시민의 이익입니다. 이는 민주주의라는 정치 형태를 통해서 확고하게 유지될 수 있어요. 군주가 통치하는 군주제와 시민이 통치하는 공화제는 서로 반대의 개념이에요. 군주국은 왕이 다스리지만 공화국은 임기가 제한된 대통령을 선출해서, 국가의 원수로 삼아요. 원수元首는 국가의 최고 지도자를 말해요.

우리 헌법은 민주 공화국의 구체적인 개념에 대해서, 제1조 2항에서 대한민국의 주권은 국민에게 있고, 모든 권력은 국민으로부터 나온다고 규정해요. 독재 국가는 이를 거부하고, 자기 마음대로 국가를 이끌고 가기에 민주 공화국이라고 할 수 없어요. 우리나라가 또다시 독재 국가로 돌아가지 않으려면 소중한 우리 헌법을 지켜야 합니다. 모든 권력이 국민으로부터 나온다는 뜨거운 외침을 기억하고 실천해야 해요.

다음으로 민주 공화국에서의 '민주'에 대해 생각해 보겠습니다. 국민은 주권자로서 선거를 통해서 국가 권력을 만들고 정당성을 부여합니다. 한 나라가 민주 국가인지를 판단하는 것은 그 국가의 원수가 군주인가 대통령인가와 상관없이, 국가 권력이 주권자인 국민에 의해 결정되는지에 달려 있습니다. 그래서 왕이 있는 영국, 일본도 형식상 군주국이지만 민주 국가예요. 이러한 정치 형태를 입헌 군주제라고 불러요.

우리나라는 국가의 원수가 대통령이고 국민이 주권자인 민주 공화국입니다. 그런데 민주주의에는 직접 민주주의와 간접 민주주의가 있어요. 직접 민주주의는 주권자인 국민이 자신의 의사를 직접 실현하는 것입니다. 과거 우리는 촛불 혁명을 통해서 직접 정치적 의지를 표현했어요. 그러나 이는 예외적인 상황이에요. 보통은 투표를 통해 이루어집니다.

그러나 우리가 모든 일을 투표로 결정할 수 없어요. 직접 국정에 참여해서 정책을 결정하기 어렵습니다. 그래서 많은 나라에서 대의 민주주의라는 간접 민주주의 방식을 채택합니다. 선거를 통해서 대통령을 뽑고 국회의원을 뽑아요. 이들이 대한민국이라는 공동체의 이익을 실현하도록 합니다. 예를 들어 국회의원은 국민의 뜻에 귀 기울이고 이를 입법화합니다. 행정부를 견제하고 예산을 심의하는 일을 해요. 민주주의가 성장하려면 대표자들이 국민의 뜻을 제대로 알고 섬기는 일이 필요해요.

민주주의 국가에서도 독재와 전체주의는 언제든지 독버섯처럼 살아날 수 있어요. 무조건적인 지지는 민주주의를 병들게 합니다. 국민의 견제와 감시가 중요해요. 비판적 지지가 민주주의를 가능하게 하여 사회를 아름답게 합니다.

2
인종 차별을 이겨 낸
남아프리카공화국 헌법 제1조

제1조 남아프리카공화국은 다음의 가치에 기초한 단일 주권 민주주의 국가이다.

a. 인간의 존엄성, 평등의 실현, 인권과 자유의 증진

b. 인종 평등과 성 평등

c. 헌법의 최고성과 법치주의

d. 책임, 감응, 개방성을 보장하기 위한 민주주의 정부의 보통 성인 선거권, 국가의 일반 유권자 명단, 정기적 선거와 복수 정당제

남아프리카공화국은 넬슨 만델라 대통령을 통해서 우리에게도 잘 알려진 나라예요. 과거 백인이 지배할 때 흑인을 철저하게 차별했습니다. 아파르트헤이트(분리 정책)를 통해 인권을 유린했어요. 흑인에게 평등한 주권은 상상할 수도 없었습니다.

넬슨 만델라가 이끄는 아프리카민족회의는 이러한 차별에 저항했어요. 흑인뿐만 아니라 백인들도 함께 목숨을 걸고 싸웠어요. 그중 한 사람이 백인인 알비 삭스입니다.

삭스는 변호사로 활동하면서, 보안법으로 기소된 사람들을 도왔어요. 보안요원이 설치한 폭탄에 한쪽 눈과 팔을 잃으면서도 흑인들과 함께 평등하게 사는 세상을 꿈꾸었어요. 삭스는 국외로 추방되었다가 1990년 남아프리카공화국으로 돌아옵니다. 헌법위원회 위원으로 활동하면서 민주 헌법을 만들기 위해 노력해요.

1994년 남아프리카공화국 역사상 처음으로 민주적인 선거를 통해 흑인 대통령, 넬슨 만델라가 당선되었어요. 1996년 10월에는 제헌의회에서 새로운 헌법을 채택합니다. 인종 차별 철폐와 평등을 강조한 헌법이 제정된 것이죠. 삭스는 헌법재판소의 초대 재판관으로 일하면서 법의 얼굴이 사람이라는 것을 보여 준답니다.

남아프리카공화국 헌법은 인간의 존엄성과 평등을 최고의 헌법적 가치로 삼습니다. 인간의 존엄성이 짓밟혔던 아픈 역사 때문이에요. 헌법 전문에서 "남아프리카공화국 국민은 과거의 불의를 인정하고 우리나라의 정의와 자유를 위해 고통을 당한 이들에게 경의를 표하며"라고 말하며 부끄러운 차별의 역사를 인정하고 통렬히 반성하고 있습니다.

세부적인 조항에서는 인종 평등과 성 평등을 확실히 명문화해요. 백인과 흑인, 남성과 여성 간에 평등을 보장해 민주주의를 확립하려 한 거예요. 보통 선거권을 헌법 제1조에 분명히 했어요. 이제 흑인들도 스스로의 의지대로 투표에 참여해, 자신들의 정치적 요구를 자유롭게 반영할 수 있게 되었습니다.

남아프리카공화국 헌법의 역사는 민주주의의 역사이고, 자유를 향한 처절했던 함성이며 승리의 역사예요. 또한 모두가 하나 되어 싸운 연대의 역사이기도 합니다.

3
성 평등을 위해 개정한
프랑스 헌법 제1조

제1조

① 프랑스는 비종교적, 민주적, 사회적, 불가분적 공화국이다. 프랑스는 출신, 인종, 종교에 따른 차별 없이 모든 시민이 법률 앞에서 평등함을 보장한다. 프랑스는 모든 신념을 존중한다. 프랑스는 지방 분권으로 이루어진다.

② 법률이 정하는 바에 따라 남성과 여성의 평등한 선거직과 선출직 및 직업적 사회적 직책에 동등한 진출을 보장한다.

여러분에게 프랑스는 어떤 나라인가요? 예술과 낭만, 그리고 로맨틱한 사랑을 떠올릴 수도 있습니다. 그렇지만 놀랍게도 가정 폭력으로도 유명해요. 2003년도 보도에 따르면, 프랑스 여성의 10%가 남편이나 동거남에게 폭행당하고, 심한 경우 사망에 이릅니다.

유럽 국가들 중에서도 정책 결정 과정에 여성의 참여 비율이 매우 낮았어요. 이는 남성과 여성의 조화로운 삶을 해치고 남성 우위의 문화 속에서 여성에 대한 폭력이 만연해지는 원인이 돼요. 이 일은 곧 유럽 여성들의 문제가 되었어요.

프랑스는 여성의 정치 참여를 대안으로 모색합니다. 여성들이 폭넓게 정치에 참여하고 정책에 직접 관여하는 것이, 여성에 대한 폭력을 궁극적으로 해결할 수 있다고 생각하게 된 거죠. 그중 하나는 시의회 선거에서 여성 할당을 두는 것이었어요. 1982년 시의회 의원 선거에서 후보자의 75% 이상을 동성으로 추천할 수 없도록 합니다. 역차별이라고 항변할 수도 있겠지만, 이것은 앞서 말씀드린 '합리적 차별'이에요. 평등하지 않은 현실을 개선하기 위한 선택이지요. 남녀가 법률적으로 동등하다고 하지만, 사실상 그렇지 않잖아요. 현실적인 사회 조건은 불평등합니다. 이를 개선하고 실제적 평등을 앞당기기 위해, 사회적 약자인 여성의 몫을 보장하는 거예요. 그럼에도 헌법위원회는 평등과 보편성의 원칙에 위배된다는 이유로 이 선거법에 대해 위헌 판정을 내려요.

하지만 이와 별개로 남성과 여성의 동등한 의회 진출을 원하는 목소리는 더욱 높아졌어요. 이에 프랑스 정부는 헌법 개정을 통해 여성의 공직 진출을 늘릴 것을 공식화합니다. 헌법 제3조에 "법은 임명직과 선출직 공직에 여성과 남성이 동등하게 접근할 수 있도록 우대한다"는 내용을 추가해요. 헌법이 개정됨에 따라 2000년 선거법 개정을 통해 남녀 동수 공천법이 시행됩니다. 선거 후보에 여성을 50% 공천하도록 했어요.

헌법 제3조의 개정으로 프랑스는 놀라울 정도로 여성의 공직 진출을 확대할 수 있었지만, 이에 만족하지 않고 2008년 7월 다시 헌법을 개정합니다. 국민의 기본권에 관한 사항으로, 법률에 따라 남녀의 선거직 및 선출직에 대한 동등한 진출을 보장하는 헌법 제3조의 내용을 제1조로 변경했어요. 두 차례의 헌법 개정을 통해 정책 결정 과정에 남녀가 동등하게 진출할 수 있도록 한 거예요.

이러한 노력은 커다란 성과를 얻었어요. 2019년 세계은행에서 남성과 여성에게 경제적 법적 권리를 동등하게 보장하는 나라로 뽑은 6개 국가에 벨기에, 덴마크, 라트비아, 룩셈부르크, 스웨덴에 이어 프랑스를 선정합니다. 헌법을 두 번이나 개정하는 노력을 통해, 여성은 물론 국민 전체가 커다란 행복을 얻게 된 거예요.

4
천황제를 유지한
일본 헌법 제1조

제1조

천황은 일본국의 상징이다. 일본 국민 통합의 상징으로서 그 지위는 주권을 갖는 일본 국민의 총의에 기초한다.

일본은 1868년 메이지 유신을 통해 근대 국가가 성립합니다. 그당시 실질적인 권력을 가졌던 막부를 무너뜨리고 '천황'을 국가 권력의 중심으로 세웠어요. 1889년 메이지 헌법을 만들어 국가 제도를 새롭게 수립해 나갑니다.

메이지 헌법에서는 천황이 국가의 원수로서 통치권을 가진, 신성불가침한 존재로 등장합니다. 천황은 신이며, 따라서 일본은 인간이 아닌 신이 지배하는 나라라는 전통을 그대로 이어 가요. 국민이 주권자가 아니었어요. 메이지 헌법 1조는 "신성불가침의 천황은 국가의 주권자로서 국가 통치권의 근원이 되고 최고의 권위자의 지위에 있다."라고 명시하고 있어요. 형식적으로 삼권 분립이 보장되어 있다 하더라도, 실제로는 왕이 중심이었습니다. 특히 황실에 관한 사항은 의회가 관여할 수 없었어요.

이후 쇼와 천황 시대는 제국주의적 팽창 정책을 펼치며 군국주의로 치달은 시기였어요. 우리나라를 침략해서 식민지화했을 뿐만 아니라, 천황의 추인 아래 만주 사변과 중일 전쟁을 일으키고 1941년에는 미국의 진주만을 폭격합니다. 2차 세계 대전은 역사상 가장 참혹한 전쟁이었죠. 결국 일본은 전쟁에서 패배했지만 아시아에서만 약 2000만 명의 사람들이 희생되었어요.

1945년 7월 미국, 영국, 중국 등 연합군은 독일 베를린 교외에 있는 포츠담에서 공동 선언을 합니다. 일본의 무조건적인 항복과 일본 군대의 무장 해제를 요구했는데, 일본 정부가 거부하죠.

미국은 전쟁을 종결짓는다는 명분하에 일본 히로시마와 나가사키에 원자폭탄을 투하합니다. 일본은 수많은 희생을 치른 후에야 항복을 선언하죠. 패전 후 일본은 새로운 헌법을 고민합니다. 여기서 일왕은 신의 자리에서 내려와 인간임을 선언합니다. 새롭게 제정된 헌법은 일본 스스로의 반성과 성찰에 의한 것이 아니라, 연합국의 요구에 따른 것이에요. 국민 주권과 평화주의를 요구받아 헌법에 반영했지만, 여전히 헌법 제1조에서 천황이 국가의 상징이고 국민 통합의 상징임을 선언하고 있습니다.

일본 헌법은 1조부터 8조까지 천황에 대한 조항이 나오고 있어요. 국회가 의결한 황실전범에 의해서, 세습해서 계승하도록 규정하고 있어요.

2019년 새로운 일본 왕이 나왔죠. 그는 "일본 헌법에 따라 (일본의) 상징으로서의 책무를 다할 것을 맹세합니다"라고 선언합니다. 앞으로도 일본은 헌법에 따라 상징 천황제를 유지할 것으로 보여요.

헌법에 따라 천황이 국가를 통치할 수는 없지만, 국회에서 결정한 사항에 대해 의례적인 행위는 계속할 거예요. 아울러 일본을 상징하는 대표 역할도 계속하게 될 것입니다.

패전 후 일본은 침략 전쟁을 반성하기보다는, 헌법을 개정해 군사 대국으로 가려는 시도를 계속하고 있어요. 진정으로 국민의 마음이 반영된 올바른 헌법이 왜 필요한가를, 일본을 통해서 깊이 생각해 보았으면 좋겠습니다.

5
인권과 평화를 중시한
독일연방공화국
기본법(통일 독일 헌법) 제1조

제1조

① 인간의 존엄은 침해되지 아니한다. 모든 국가 권력은 이를 존중하고 보호할 의무를 진다.

② 그러므로 독일 국민은 이 불가침·불가양의 인권을 세계의 모든 인류 공동체, 평화 및 정의의 기초로 인정한다.

③ 다음에 열거하는 기본권은 직접적인 효력을 갖는 권리로서 입법권, 행정권, 사법권을 구속한다.

독일도 우리나라와 같은 분단이라는 고통스러운 역사를 거쳤어요. 2차 세계 대전을 일으켜, 수많은 사람의 인권을 말살하고 비참하게 죽게 만들었죠. 결국 전쟁에서 패배했지만, 인류에게 씻을 수 없는 깊은 상처를 남겼습니다.

독일은 전범국으로서 미국, 영국, 프랑스, 소련의 네 개 연합국에 의해 강제로 분할당하고 말아요. 그 후 지속된 냉전으로 서독과 동독이 하나의 국가가 되는 일은 불가능하다고 여겨졌어요. 통일독일의 꿈은 공상 속에서만 가능한 일이었죠.

그렇지만 독일 국민은 자신들의 부끄러운 역사를 열심히 반성했어요. 서독과 동독으로 분단된 상황에서도 끊임없이 교류하다가 마침내 통일을 이루어 냈어요. 오랜 세월의 분단을 뛰어넘은, 세계가 놀랄 역사적인 기적을 이룬 거예요.

두껍고 차가운 베를린 장벽은 몰려든 서독과 동독의 시민들에 의해 단숨에 무너졌어요. 1990년 8월 동독인민회의에서 동독을 서독으로 편입한다는 안건을 가결함으로써, 독일 통일의 서막이 시작되었지요. 1990년 10월 3일 역사적인 독일 통일이 실현됩니다.

그런데 독일의 통일을 모든 나라가 환영한 것은 아니었어요. 영국이나 프랑스는 노골적으로 반대하고 우려를 표시했어요. 우리는 이 사실을 잘 기억해야 합니다. 주변 국가들은 우리나라가 강해지는 것을 원하지 않아요. 그래서 다른 나라들에 의지하기보다는 스스로의 힘으로 통일을 하려는 의지가 필요해요. 독일은 서독이 동독을 흡수하는 방식으로 통일했어요. 우리나라는 어떤 방식이 올바를지 충분히 고민해야 합니다. 국민적 합의가 필요해요.

우리에게 통일은 어떤 의미일까요? 남한과 북한은 어떻게 통일이 되어야 할까요? 그리고 통일된 나라의 헌법은 어떻게 만들어야

　　　　　　　　10대와 통하는 법과 재판 이야기

할까요? 이런 중요한 문제들에 대해 먼저 통일을 이룬 독일에서 배울 점이 많아요. 독일의 법을 살펴보면서, 우리의 통일을 상상하면 좋겠습니다.

독일연방공화국 기본법 전문에서는 "신과 인간에 대한 책임을 의식하고 통일 유럽의 동등한 권리를 가진 구성원으로서 세계 평화에 이바지한 의지로 충만하여, 독일 국민은 헌법 제정 권력을 근거로 이 기본법을 제정하였다"라고 하고 있어요. 이어서 독일의 각 주를 열거한 후 "독일인은 자유로운 자결로써 독일의 통일과 자유를 완성하였다. 이로써 이 기본법은 전체 독일 국민에 대하여 효력을 가진다"고 말해요. 우리도 독일처럼 남북의 자유로운 자결로 통일이 이루어져야 할 것입니다. 우리의 의지로 통일을 완성하여 한반도 통일 헌법을 제정하는 날이 너무나 기다려집니다.

통일 독일의 기본법 1조에서는 인간의 존엄과 인권을 가장 최우선의 헌법적 가치로 보고 있어요. 모든 국가 권력은 이를 존중하고 보호할 의무를 진다는 것을, 1조에서 명백히 밝힘으로써, 통일 독일 전체 국민의 헌법적 의지를 분명히 하고 있습니다. 이는 선언으로 끝나는 것이 아닙니다. 법적 강제력에 의해 통일 독일의 모든 국가 권력은 인간의 존엄과 인권 보장을 위해 부단히 노력하고 실천해야 해요.

또한 1조 2항에서 인권을 침해할 수 없고 양도할 수 없는 권리로 보고, 세계 평화와 정의 그리고 인류 공동체를 위한 기초적인 가장 우선되어야 하고 가장 중요한 권리라는 것을 분명히 했습니다.

　독일의 통일 헌법인 독일연방공화국 기본법은 인간의 소중함과 인간이 갖는 권리가 정의와 평화의 근간이 된다는 것을 알리고 있어요. 통일 이전 독일은 서독과 동독으로 나뉘어 갈등과 대립의 시간을 보냈어요. 그러나 통일 이후의 독일은 인간의 존엄과 인권이라는 커다란 가치 아래, 서로 존중하며 통일이 주는 축복을 누리고 있습니다. 2차 세계 대전을 일으켜 세계를 전쟁의 참화로 몰아넣은 과거를 반성하고, 평화를 지키겠다는 약속을 굳게 하고 있어요.

맺음말

지금까지 우리는 법이란 무엇인가라는 물음에서 출발해, 법에 관한 많은 이야기를 나누었어요. 그리고 법 정의를 실현하는 재판에 관해서도 알아보았어요. 여러분이 법과 재판을 좀 더 잘 이해하는 유익한 시간이 되었기를 바랍니다.

인류는 더 나은 인간적인 삶을 꿈꾸고 이를 실현하고자 노력해 왔어요. 그 한가운데 바로 법의 정신이 존재해요. 법이야말로 아름다운 세상을 만들기 위한 원칙과 기준이 되기 때문입니다.

여러분은 이 세상의 주인공이에요. 주인공인 여러분의 가슴에 법의 목적인 정의가 가득해야 합니다. 또한, 법이 실현하고자 하는 인간에 대한 사랑을 잊으면 안 됩니다. 그래야만 법이 세상의 아픔을 따뜻하게 치유할 수 있어요.

법은 세상을 바꿉니다. 여러분이 법을 잘 알고 사용하면, 우리는 더 멋진 세상을 살 수 있어요. 이는 사회 공동체의 일원으로서 해야 할 역할이기도 합니다. 법은 강자의 도구가 아닌 약자를 지키는 무기여야 합니다. 그러려면 새로운 세대인 여러분이 법을 잘 알아야 해요.

여러분은 앞으로 세상을 살아가면서 많은 일을 겪을 거예요. 다툼 없이 평안하게 살고 싶지만, 어쩔 수 없는 분쟁과 갈등이 생겨날 수도 있어요. 이럴 때 서로 아프게 싸우기보다는 지혜롭게 해결하는 것이 더 좋겠죠. 그런 삶의 지혜를 법을 통해서 배우고 생각하기를 기대합니다.

미래를 이끌어 나갈 여러분의 가슴에 세상과 사람에 대한 사랑과 열정이 가득하기를 기대해요.